大智移云背景下的财务创新

刘根霞 著

北京工业大学出版社

图书在版编目（CIP）数据

大智移云背景下的财务创新 / 刘根霞著．— 北京：北京工业大学出版社，2019.11（2021.5 重印）

ISBN 978-7-5639-7221-0

Ⅰ．①大… Ⅱ．①刘… Ⅲ．①高等学校－财务管理－创新管理－研究－中国 Ⅳ．① G647.5

中国版本图书馆 CIP 数据核字（2019）第 283882 号

大智移云背景下的财务创新

著　　　者：	刘根霞
责任编辑：	刘连景
封面设计：	点墨轩阁
出版发行：	北京工业大学出版社
	（北京市朝阳区平乐园 100 号　邮编：100124）
	010-67391722（传真）　bgdcbs@sina.com
经销单位：	全国各地新华书店
承印单位：	三河市明华印务有限公司
开　　　本：	787 毫米 ×1092 毫米　1/16
印　　　张：	10.25
字　　　数：	205 千字
版　　　次：	2019 年 11 月第 1 版
印　　　次：	2021 年 5 月第 2 次印刷
标准书号：	ISBN 978-7-5639-7221-0
定　　　价：	56.00 元

版权所有　翻印必究

（如发现印装质量问题，请寄本社发行部调换 010-67391106）

前　言

大智移云时代的到来，信息化的不断发展不仅推动了整个社会经济的进步，也使会计信息化实现了第三次飞跃。以云计算、大数据、移动互联网、智能化等为代表的信息技术的发展将会颠覆传统财务模式，将为财务工作带来高度自动化、无纸化、流程化、数据化。同时，企业拥有了自己的云计算平台，企业的财务中心成为最大的数据中心，每天为各管理部门提供决策信息。企业财务实现转型过程中，财务部门与企业整体业务联系更加紧密。企业可通过云计算和大数据等信息技术手段对企业资金管理、费用管理、投融资等实行动态高效的监控。在信息时代下，如何有效地进行企业财务管理，如何充分利用信息时代的优势提升企业的核心竞争力成为一个重要课题。

会计行业在大智移云背景下，应做好充分准备来应对其所带来的挑战，主动参与到财务共享以及信息化建设工程中，充分利用会计信息平台及其他平台，寻求利用大数据、云计算来提升会计能力，进而提高效率、改善服务、促进转型，最终提高企业的核心价值。因此，本文运用大智移云的相关理论，结合我国企业财务创新现状，全面阐述大智移云时代财务管理与创新的发展要求。系统介绍大智移云时代财务管理思维创新、模式创新以及推进财务共享服务的环境创新。

本书内容科学实用，语言通俗易懂。全书共十章，阐述了大智移云的基本理论、大智移云与企业创新、大智移云与企业战略、大数据背景下的财务创新、大智移云时代下的企业运营、大智移云对企业财务管理的影响、大智移云时代的企业财务管理挑战与变革、大智移云背景下企业财务共享理论、企业财务共享服务平台的主要价值与存在的问题、大智移云时代财务共享服务模式创新等内容。

在写作过程中，作者参考了大量的相关文献，在此谨向这些参考文献的作者表示衷心的感谢。限于作者水平，加之时间仓促，书中难免有不足之处，恳请广大读者批评指正。

目 录

第一章 大智移云的基本理论 ... 1
第一节 大智移云发展的时代背景 ... 1
第二节 大智移云的含义、内容与特点 ... 4
第三节 大智移云的价值分析 ... 8

第二章 大智移云与企业创新 ... 17
第一节 企业创新的含义与内容 ... 17
第二节 财务创新的影响因素 ... 20
第三节 大智移云对财务创新带来的机遇和挑战 ... 23
第四节 大智移云背景下财务创新现存问题 ... 24

第三章 大智移云与企业战略 ... 27
第一节 大智移云有利于挖掘市场潜力 ... 27
第二节 大智移云对企业市场力量的影响 ... 29
第三节 大智移云时代战略决策的优化 ... 33
第四节 大智移云影响下的企业战略决策 ... 35

第四章 大数据背景下的财务创新 ... 41
第一节 基于大数据的财务理念创新 ... 41
第二节 基于大数据的业财融合 ... 43
第三节 基于大数据的财务决策 ... 49
第四节 基于大数据的财务问题与对策 ... 51

第五章 大智移云时代下的企业运营 ... 55
第一节 大智移云时代下的企业管理者 ... 55
第二节 大智移云管理工具 ... 61
第三节 大智移云下的商业运行 ... 67
第四节 大智移云应用的商业典范 ... 71

第六章　大智移云对企业财务管理的影响 ······ 79
第一节　大智移云对企业竞争优势的影响 ······ 79
第二节　大智移云对企业财务决策的影响 ······ 85
第三节　大智移云对企业财务信息挖掘的影响 ······ 98
第四节　大智移云对企业财务管理精准性的影响 ······ 106
第五节　大智移云对企业财务管理人员角色的影响 ······ 109

第七章　大智移云时代的企业财务管理挑战与变革 ······ 115
第一节　大智移云时代下为何要进行企业财务管理变革 ······ 115
第二节　大智移云时代下企业财务管理的积极影响 ······ 117
第三节　大智移云时代下企业财务管理的风险挑战 ······ 121
第四节　大智移云时代下企业财务管理的变革路径 ······ 125

第八章　大智移云背景下企业财务共享理论 ······ 133
第一节　共享服务的概念及发展 ······ 133
第二节　财务共享服务模式的理论概述 ······ 134
第三节　大智移云背景下的财务共享理论 ······ 137

第九章　企业财务共享服务平台的主要价值与存在的问题 ······ 141
第一节　我国企业财务共享平台运行的经验成效 ······ 141
第二节　财务共享平台的主要价值 ······ 141
第三节　我国企业财务共享平台运行存在的问题 ······ 144

第十章　大智移云时代财务共享服务模式创新 ······ 147
第一节　基于大数据的财务共享服务 ······ 147
第二节　人工智能环境下的财务共享服务 ······ 148
第三节　移动互联网趋势下的财务共享服务 ······ 149
第四节　基于云计算的财务共享服务 ······ 151
第五节　推进财务共享服务创新的配套策略 ······ 153
第六节　大智移云背景下企业财务共享平台优化改进 ······ 155

参考文献 ······ 163

第一章 大智移云的基本理论

第一节 大智移云发展的时代背景

一、大智移云产生的背景

大智移云似乎是在一夜之间悄然而至,并迅速走红的。经过各方面的分析,大智移云之所以进入人们的视野,缘于三种趋势的合力。

第一,随着互联网的发展,许多高端消费公司为了提供更先进、更完美的服务,加大了对大智移云的应用。

例如,"脸谱"就使用大智移云中的大数据来追踪用户,然后通过"搜索和识别你所熟知的人",给出好友推荐建议。用户的好友数目越多,其"脸谱"信任度就越高。好友越多,同时也就意味着用户分享的照片越多,发布的状态更新越频繁,玩的游戏越多样化。后文会提到,"脸谱"因此在和同行的竞争中占得先机。

商业社交网站领英则使用大数据为求职者和招聘单位建立关联。有了领英,猎头公司就不再需要对潜在人才进行烦琐的识别和访问。只需一个简单的搜索,他们就可以找到潜在人才,并与他们进行联系。同样,求职者也可以通过联系网站上的其他人,将自己推销给潜在的人力资源负责人,入职自己中意的公司。

杰夫·韦纳是领英的首席执行官,他在谈到该网站的未来发展时提到一个经济图表,这是一个能实时识别"经济机会趋势"的全球经济数字图表,他说,实现该图表及其预测能力时所面临的挑战就是一个大数据问题。

可以看出,大家都在利用大智移云产生效益,反过来,利用大智移云的人就成了催生大智移云时代到来的力量之一。

第二,人们在无形中纷纷为大智移云投资。

还是以实际的公司为例。"脸谱"与领英两家公司都是在2012年上市的。"脸谱"在纳斯达克上市,领英在纽约证券交易所上市。从表面上来看,谷歌和这两家公司都是消费品公司,而实质上,它们都是利用大智移云"吃饭"的企业。除了这两家公司以外,Splunk公司(一家为大中型企业提供智能运营的大数据企业)也在2012年完成了上市。

这些企业的公开上市使得华尔街对大智移云业务的兴趣非常浓厚。因此，硅谷的一些风险投资家开始前赴后继地为大数据企业提供资金，这给大智移云的发展提供了前所未有的良机。大智移云将引发下一波重大转变，在这场转变中，硅谷有望在未来几年取代华尔街。

作为"脸谱"的早期投资者，加速合伙公司在2011年底宣布为大智移云提供一笔不小的投资，2012年初，加速合伙公司支出了第一笔投资。著名的风险投资公司格雷洛克合伙公司也针对这一领域进行了大量的投资。

第三，商业用户和其他以数据为核心的消费产品，也开始期待以一种同样便捷的方式来获得大智移云的使用体验。

我们在网上看电影、买产品这些已经成为现实。既然互联网零售商可以为用户推荐一些阅读书目、电影和产品，为什么这些产品所在的企业却做不到呢？举个例子说，为什么房屋租赁公司不能智能地决定将哪一栋房屋提供给租房人呢？毕竟，该公司拥有客户的租房历史和现有可用租房库存记录。随着新技术的出现，公司不仅能够了解到特定市场的公开信息，还能了解到有关会议、重大事项及其他可能会影响市场需求的信息。通过将内部供应链与外部市场数据相结合，公司可以更加精确地预测出可租的房屋类型和可用时间。

类似地，通过将这些内部数据和外部数据相结合，零售商每天都可以利用这种混合式数据确定产品价格和摆放位置。通过分析从产品供应到消费者的购物习惯这一系列事件的数据（包括哪种产品卖得比较好），零售商就可以提升消费者的平均购买量，从而获得更高的利润。所以，商业用户也成了推动大智移云发展的动力之一。

从我们所举的例子看，好像是少数的几家公司推动了大智移云的产生，的确是这样的。但总的来说，大智移云的产生既是时代发展的结果，也是利益驱使的结果。当然，那些小公司的发展，乃至个人的服务需求也在为大智移云的产生添砖加瓦，只是单个个体的效果不明显，但反映在整个大智移云产业中依然是巨大的，其中的道理不再多说。

二、大智移云的发展背景

早在2010年12月，美国总统办公室下属的科学技术顾问委员会（PCAST）和信息技术顾问委员会（PITAC）向美国前总统奥巴马和国会提交了一份《规划数字化未来》的战略报告，把大数据收集和使用的工作提升到体现国家意志的战略高度。报告列举了五个贯穿各个科技领域的共同挑战，而第一个最重大的挑战就是"数据"问题。报告指出"如何收集、保存、管理、分析、共享正在成指数增长的数据是我们必须面对的一个重要挑战"。报告建议"联邦政府的每一个机构和部门，都需要制定一个'大数据'的战略"。2012年3月，美国前总统奥巴马签署并发布了"大数据研究发展创新计划"，由美国国家自然基金会、卫生健康总署、能源部、国防部等部门联合，投资2亿美元启动大数据技术研发，这是美国政府继1993年宣布"信息高速公路"计划后的又一次重大科技发展部署。美国白宫科技政策办公室还专门建立了一个大数据技术论坛，鼓励企业和组织机构间的大数据技术交流与合作。

2012年7月，联合国在纽约发布了一本关于大数据政务的白皮书，即《大数据促发展：挑战与机遇》，全球大数据的研究和发展进入了前所未有的高潮。这本白皮书总结了各国政府如何利用大数据响应社会需求，指导经济运行，更好地为人民服务，并建议各成员国建立"脉搏实验室"，挖掘大数据的潜在价值。

由于大智移云技术的特点和重要性，目前国内外已经出现了"数据科学"的概念，即数据处理技术将成为一个与计算科学并列的新的科学领域。已故著名图灵奖获得者吉姆·格雷在2007年的一次演讲中提出，"数据密集型科学发现"将成为科学研究的第四范式，科学研究将从实验科学、理论科学、计算科学，发展到目前兴起的数据科学。

为了紧跟全球大智移云技术发展的浪潮，我国政府、学术界和工业界对大数据也予以了高度的关注。央视著名节目《对话》在2013年4月14日和21日分别邀请了《大数据时代：生活、工作与思维的大变革》作者维克托·迈尔－舍恩伯格、美国大数据存储技术公司LSI总裁阿比做客《对话》节目，做了两期大数据专题谈话"谁在引爆大数据""谁在掘金大数据"，国家央视媒体对大数据的关注和宣传体现了大智移云技术已经成为国家和社会关注的焦点。

而国内的学术界和工业界也都迅速行动，广泛开展大智移云技术的研究和开发。2013年以来，国家自然科学基金、973计划、核高基、863等重大研究计划都已经把大数据研究列为重大的研究课题。为了推动我国大智移云技术的研究发展，2012年中国计算机学会（CCF）发起组织了CCF大数据专家委员会，CCF专家委员会还特别成立了一个"大数据技术发展战略报告"撰写组，并已撰写发布了《2013年中国大数据技术与产业发展白皮书》。

大智移云在带来巨大技术挑战的同时，也带来巨大的技术创新与商业机遇。不断积累的大数据包含着很多在小数据量时不具备的深度知识和价值，大数据分析对于行业或企业来说具有巨大的商业价值，可实现各种高附加值的增值服务，进一步提升行业或企业的经济效益和社会效益。由于大数据隐含着巨大的商业价值，美国政府认为大数据是"未来的新石油"，对未来的科技与经济发展将带来深远影响。因此，在未来，一个国家拥有数据的规模和运用数据的能力将成为综合国力的重要组成部分，对数据的占有、控制和运用也将成为国家间和企业间新的争夺焦点。

大智移云的研究和分析应用具有十分重大的意义和价值。被誉为"大智移云时代预言家"的维克托·迈尔－舍恩伯格在其《大数据时代：生活、工作与思维的大变革》一书中列举了大量翔实的大数据应用案例，并分析预测了大智移云中大数据的发展现状和未来趋势，提出了很多重要的观点和发展思路。他认为"大数据开启了一次重大的时代转型"，指出大数据将带来巨大的变革，将会改变我们的生活、工作和思维方式，改变我们的商业模式，影响我们的经济、政治、科技和社会等各个层面。

由于大智移云行业应用需求日益增长，未来越来越多的研究和应用领域将需要使用大数据并行计算技术，大智移云技术将渗透到每个涉及大规模数据和复杂计算的应用领域。不仅如此，以大智移云处理为中心的计算技术将对传统计算技术产生革命性的影响，广泛影响计算机体系结构、操作系统、数据库、编译技术、程序设计技术和方法、软件工程技术、多媒体信息处理技术、人工智能以及其他计算机应用技术，并与传统计算技术相互结合产生很多新的研究热点和课题。

大智移云给传统的计算技术带来了很多新的挑战。大数据使得很多在小数据集上有效的传统的串行化算法在面对大数据处理时难以在可接受的时间内完成计算；同时大数据含有较多噪音、样本稀疏、样本不平衡等特点，使得现有的很多机器学习算法有效性降低。因此，微软全球副总裁陆奇博士在2012年全国第一届"中国云/移动互联网创新大奖赛"颁奖大会主题报告中指出，"大数据使得绝大多数现有的串行化机器学习算法都需要重写"。

大智移云技术的发展将给我们研究计算机技术的专业人员带来新的挑战和机遇。目前，国内外互联网技术（IT）企业对大智移云技术人才的需求正快速增长，未来5～10年内业界将需要大量的掌握大智移云处理技术的人才。互联网数据中心（IDC）研究报告指出，"下一个10年里，世界范围的服务器数量将增长10倍，而企业数据中心管理的数据信息将增长50倍，企业数据中心需要处理的数据文件数量将至少增长75倍，而世界范围内IT专业技术人才的数量仅能增长1.5倍"。因此，未来10年里大智移云处理和应用需求与能提供的技术人才数量之间将存在一个巨大的差距。目前，由于国内外高校开展大智移云技术人才培养的时间不长，技术市场上掌握大智移云处理和应用开发技术的人才十分短缺，因而这方面的技术人才十分抢手，供不应求。国内几乎所有著名的IT企业，如百度、腾讯、阿里巴巴、奇虎等，都大量需要大智移云技术人才。

第二节　大智移云的含义、内容与特点

一、大智移云的定义

随着社会化网络的兴起以及云计算、移动互联网和物联网等新一代信息技术的广泛应用，全球数据量呈现出前所未有的爆发增长态势。大智移云带来的信息风暴正在逐渐改变我们的生活环境、工作习惯和思维方式。我们看到在商业、经济、医药卫生及其他领域中决策正日益基于数据和分析而做出，而并非仅仅基于经验和直觉。大智移云是近年来科学研究的核心所在，其已成为信息时代新阶段的标志，是大型信息系统和互联网的产物，是实现创新驱动发展战略的重要机遇。大智移云的发展与应用，将对社会的组织结构、国家治理模式、企业的决策机构、商业的业务策略以及个人的生活方式产生深刻的影响。

"大智移云"一词是在2013年8月中国互联网大会上提出的新名词,大智移云是将大数据、智能化、移动互联网和云计算综合在一起,彼此相互关联。云计算技术使处理工具发生天翻地覆的变化,移动互联网使沟通媒介发生质的改变,大数据提供的数据基础成为新发明和新服务的源泉,人工智能使财务工作更加智能化。

大数据也称为巨量资料,维克托·迈尔-舍恩伯格及肯尼斯·库克耶编写的《大数据时代:生活、工作与思维的大变革》中称大数据是一种海量、高效率和多样化的信息资产,对所有数据进行分析处理。大数据具有"4V"特征,即大量（Volume）、高速（Velocity）、多样（Variety）、价值（Value）。在大智移云时代,每天都会产生海量数据,若仅仅把大数据存储起来并不会产生太大价值,在合理时间内对这些海量数据进行攫取、管理和处理,基于大数据的洞察、分析和优化,为企业带来巨大的经济增加值。

人工智能主要是使计算机模拟人的某些思维过程和智能行为（如学习、推理、思考、规划等）,主要包括计算机实现智能的原理、制造类似于人脑智能的计算机,使计算机能实现更高层次的应用。

移动互联网是移动通信和互联网彼此结合的产物,不仅具备移动通信随时、随地、随身的优势,还具备互联网分享、开放、互动的优势。从技术层面而言,移动互联网是以宽带国际互联协议（IP）为技术核心,能够同时提供语音、数据和多媒体业务的开放式基础电信网络;从终端而言,用户使用手机、笔记本电脑等移动终端,通过移动网络随时随地获取移动通信网络服务和互联网服务。移动互联网具有终端移动性的特点,用户可在移动中接入和使用互联网,移动互联网的高便携性创造了个人计算机（PC）端上网不可比拟的优越性;移动互联网具有隐私性,用户使用私有移动设备进行业务处理,能够保证业务内容的隐秘性。当然,移动互联网也存在一定的局限,会受到无线网络传输环境和能力的影响,也可能会受到终端存储能力大小、电池容量等硬性条件的影响。

云计算（Cloud Computing）的定义有很多,国际商业机器公司（IBM）认为"云计算是一种新兴的IT服务交付方式,应用数据和计算资源能够通过网络作为标准服务在灵活的价格下快速地提供最终用户"。而美国国家标准与技术研究所（NIST）则定义为"云计算是一种按使用量付费的模式,这种模式提供可用的、便捷的、按需的网络访问,进入可配置的计算资源共享池（资源包括网络、服务器、存储、应用软件、服务）,这些资源能够被快速提供,只需投入很少的管理工作,或与服务供应商进行很少的交互。"简而言之,云计算就是建立一个资源池,将零散的计算资源集中到资源池中进行系统性、自动化处理,用户可以根据自身需要,随时随地在资源池中获取自己所需的信息和服务。

根据部署方式不同,云计算一般分为以下三种模式。一是公有云。公有云是云计算服务商或第三方拥有并管理,通过公共网络向非单一的客户提供服务,用户可以通过互联网来获取资源。公有云成本低,客户可以根据自己取得服务的多少来支付费用,不存在日常的管理和维护费用。与此同时,客户对于云端的资源缺乏控制,数据的安全性也存在问题。二是私有云。私有云是使用者单独使用而构建的云计算模式,不对外提供云计算服务。私有云使企业能对数据保密、数据安全、服务质量进行有效把控，但是企业在内部网络建立私有云对资金和技术的要求非常高。三是混合云。混合云是公有云和私有云的结合，云计算服务的提供商既满足自身需求，又对外向客户提供专业服务。它将公有云和私有云的优点集于一身，但同时也为云计算服务商提出更高的要求。

从认识论的角度说，科学始于数据。人类历史上的大数据，源于科技领域，确切地说源于大科学研究。位于瑞士的欧洲核子研究中心由全球逾8000位物理学家合作兴建的大型强子对撞机，2008年试运行后，数据量即达25PB/年，2020年建成后将达200PB/年，因此他们率先创建了"大数据"的概念。旨在进行测定人类基因组30亿碱基遗传密码的基因组计划，进行个体基因组测定时，数据量即已高达13PB/年。而此计划后，学术界受其鼓舞开展了一系列遗传背景迥异、不同疾病群体以及大量其他物种的基因组测定，数据量迅速逼近ZB级（是PB的百万倍），不约而同地创造了"大数据"概念。今天人们常用的互联网最初就是这些领域的科学家为解决海量数据传输而发明的。

传统哲学认识论是以人为主体，而在大智移云背景下的认识论主体发生了分化，即认识论主体的意向方和实施方分离，意向方仍然是人类，而实施方则由人类变成了机器，意向方和实施方各自承担着自己的需求职责，认识的动机和目的发生了相应的变化，任何人只关注对自己有用的信息，而机器提供可视化分析，形成大数据认知外包的特性。

大智移云通过海量数据来发现事物之间的相互关系，通过数据挖掘从海量数据中寻找蕴藏其中的数据规律，并利用数据之间的相互关系来解释过去、预测未来，从而实现新的数据规律对传统因果规律的补充。大数据能预测未来，但作为认识论主体意向方的人类只关注预测的结果，而忽视了预测的解释，这就造成预测能力强、解释能力弱的局面。

大数据模型和统计建模有本质的区别。就科学研究中的地位来说，统计建模经常是经验研究和理论研究的配角和检验者；而在大数据的科学研究中，数据模型就是主角，数据模型承担了科学理论的角色。就数据类型来说，统计建模的数据通常是精心设计的实验数据，具有较高的质量；而大数据中则是海量数据，往往类型繁多，质量参差不齐。就确立模型的过程来说，统计建模的模型是根据研究问题而确定的，目标变量预先已经确定好；大数据中的模型则是通过海量数据确定的，且部分情况下目标变量并不明确。就建模驱动不同来说，统计建模是验证驱动，强调的是先有设计再通过数据验证设计模型的合理性；而大数据模型是数据驱动，强调的是建模过程以及模型的可更新性。

大智移云思维指一种意识，认为公开的数据一旦处理得当就能为千百万人急需解决的问题提供答案。（1）量化思维。大智移云是直觉主义到量化思维的变革，在大智移云量化思维中一切皆是可量化的，大智移云技术通过智能终端、物联网、云计算等技术手段来"量化世界"，从而将自然、社会、人类的一切状态、行为都记录并存储下来，形成与物理足迹相对应的数据足迹。（2）全局思维。全局思维指大智移云关注全数据样本，大智移云研究的对象是所有样本，而非抽样数据，关注样本中的主流，而非个别，表征大智移云的全局和大局思维。开放共享、数据分享、信息公开在分享资源的同时，也在释放善意，取得互信，在数据交换的基础上产生合作，这将打破传统封闭与垄断，形成开放、共享、包容、合作思维。大智移云不仅关注数据的因果关系，更多的是关注数据的相关性，提高数据采集频度，而放宽了数据的精确度，容错率提高，用概率看待问题，使人们的包容思维得以强化。（3）关联思维、轨迹思维。每一天，我们的身后都拖着一条由个人信息组成的长长的"尾巴"。我们点击网页、切换电视频道、驾车穿过自动收费站、用信用卡购物、使用手机等行为，这些过去完全被忽略的信息都通过各种方式被数据化地记录下来，全程实时追踪数据轨迹，管理数据生命周期，保证可靠的数据源头、畅通的数据传递、精准的数据分析、友好可读的数据呈现。（4）预测思维。预测既是大数据的核心，也是大数据的目标。

从技术上理解，大智移云是一次技术革新，对大数据的整合、存储、挖掘、检索、决策生成都是传统的数据处理技术无法顺利完成的，新技术的发展和成熟加速了大智移云时代的来临，如果将数据比作肉体，那技术就是灵魂。大智移云时代，数据、技术、思维三足鼎立。《大数据时代：生活、工作与思维的大变革》作者维克托·迈尔－恩伯格认为大数据使我们真正拥有了决定性的价值资源，它是新的黄金。这里值得注意的是，大数据的意义不在于掌握海量的数据，而是通过数据挖掘等手段对其进行专业地分析来实现数据的"增值"。

大数据可分成大数据技术、大数据工程、大数据科学和大数据应用等领域。目前人们谈论最多的是大数据技术和大数据应用。工程和科学问题尚未被重视。大数据工程指大数据的规划建设、运营管理的系统工程；大数据科学关注大数据网络发展和运营过程中发现和验证大数据的规律，及其与自然和社会活动之间的关系。

物联网、云计算、移动互联网、车联网、手机、平板电脑、PC以及遍布地球各个角落的各种各样的传感器，无一不是数据来源或者承载的方式。

核心价值在于对于海量数据进行存储和分析。相比现有的其他技术而言，大数据的"廉价、迅速、优化"这三方面的综合成本是最优的。大智移云必将是一场新的技术信息革命，我们有理由相信未来人类的生活、工作也将随大智移云而产生革命性的变化。

二、大智移云的特点

数据分析需要从纷繁复杂的数据中发现规律并提取新的知识，是大智移云价值挖掘的关键。经过数据的计算和处理，所得的数据便成为数据分析的原始数据，根据所需数据的应用需求对数据进行进一步的处理和分析，最终找到数据内部隐藏的规律或者知识，从而体现数据的真正价值。大智移云的分析技术必须紧密围绕大数据的特点开展，只有这样才能确保从海量、冗杂的数据中得到有价值的信息。

维克托·迈尔－舍恩伯格编写的《大数据时代：生活、工作与思维的大变革》中指出，大数据一般具有"4V"特点：大量（Volume）、高速（Velocity）、多样（Variety）、价值（Value）。具体来讲，大智移云具有如下特点。

1. 数据体量巨大

大智移云中的大数据通常指 10TB（1TB=1024GB）规模以上的数据量，之所以产生如此巨大的数据量，一是由于各种仪器的使用，使用户能够感知到更多的事物，从而这些事物的部分甚至全部数据就可以被存储下来；二是由于通信工具的使用，使人们能够全时段地联系，机器—机器（M2M）方式的出现，使得交流的数据量成倍增长；三是由于集成电路价格降低，使得很多电子设备都拥有了智能模块，因此这些智能模块的使用过程中依赖或产生大量的数据存储。

2. 流动速度快

数据流动速度一般指数据的获取、存储以及挖掘有效信息的速度。计算机的数据处理规模已从 TB 级上升到 PB 级，数据是快速动态变化的，形成流式数据是大数据的重要特征，数据流动的速度快到难以用传统的系统去处理。

3. 数据种类繁多

随着传感器种类的增多以及智能设备、社交网络等的流行，数据类型也变得更加复杂，不仅包括传统的关系数据类型，也包括以网页、视频、音频、E-mail、文档等形式存在的未加工的、半结构化的和非结构化的数据。

4. 价值密度低

数据量呈指数增长的同时，隐藏在海量数据中的有用信息却没有以相应比例增长，反而使获取有用信息的难度加大。以视频为例，连续的监控过程中，可能有用的数据仅有一两秒。大数据"4V"特征表明其不仅仅是数据海量，对于大数据的分析将更加复杂，更追求速度，更注重实效。

第三节　大智移云的价值分析

一、数据的五大价值

在大智移云时代，无论是个人、企业还是政府，都面临着如何管理和利用信息的难题。与此同时，随着数据数量的汇集，数据的管理和分析工作变得格外重要。数据的价值正在成为企业成长的重要动力，它不仅为企业提供了更多的商业机会，也是企业运营情况及财务状况的重要分析依据。如果我们平时做一个有心人，也不难从各种看似不起眼的数据中发现数据的价值，获得数据的价值。

在实际运用中，需要认清数据到底能够产生什么价值。有时候，同一组数据可能会在不同场合产生完全不一样的价值；有时候，单一的数据没有什么特别的价值，需要组合起来才能产生价值……那么，数据的价值主要体现在哪里呢？在这里，我们总结了数据的五大价值。

（一）识别与串联价值

顾名思义，识别的价值，肯定是唯一能够锁定目标的数据。最有价值的，如身份证、信用卡，还有 E-mail、手机号码等，这些都是识别和串联价值很高的数据。京东和当当网站识别"你"的方法就是你的登录账号。千万不要小看这个账号，如果没有这个账号，网站就只能知道有一些商品被用户浏览了，但是却无法知道是被哪个用户浏览了，更不可能还原出用户的购买行为特点。

当然，识别用户的方法不止登录账号一种，对用户进行识别的传统方法还包括 cookie。所谓的 cookie 就是你浏览器里面的一串字符，对于一个互联网公司来说，这就是用户身份的一个标记，所以你会发现你在搜索引擎上搜索过一个词语，在很多网站都看到相关的资讯或者商品的推荐，就是通过 cookie 来实现的。很多互联网公司都非常依赖 cookie，所以会采用各种 cookie 来记录不同的用户类别，单一的 cookie 没有价值，将用户登录不同页面的行为串联起来才产生了核心价值——串联价值。

如果你想知道日常生活中哪些是很有价值的识别和串联数据，那么可以回想一下你的银行卡丢失后，你打电话到银行时对方会问你的问题。一般来说，当你忘记密码后，对方会问你"你哪天发工资""你家里的固定电话号码是什么"等类似问题，而这一系列问题就是在把你的个人数据做一个识别和串联。因为在银行怀疑某个人是不是你的时候，生日、固定电话号码是有权重的。有可能在有了 2～3 个这样的数据后，即使你没有密码，银行还是会相信你，为你重新办卡。

所以，千万不要小看识别数据的价值，经验告诉我们，能够辨别关系和身份的数据是最重要的。这些数据应该是有多少存多少，永远不要放弃。在大智移云时代，越能够还原用户真实身份和真实行为的数据，就越能够让企业在大数据竞争中保持战略优势。

（二）描述价值

我们经常会听到很多关于"好男人"的标准，如"身高 170～180 厘米、体重 60～75 千克、月收入 10000～20000 元、不抽烟不喝酒等"，这其实就是将"好男人"这样一个感性的指标数据化了，这里用到的数据就充当了描述研究对象的作用。

在通常情况下，描述数据是以一种标签的形式存在的，它们是通过初步加工的一些数据，数据加工也是数据从业者在日常生活中最为基础的工作。一家公司一年的营业收入、利润、净资产等数据都是描述性的数据。在电商平台类企业日常经营的状况下，描述业务的数据就包括成交额、成交用户数、网站的流量、成交的卖家数等，我们可以通过数据对业务的描述来观察交易活动是否正常。

但是，对于企业来说，数据的描述价值与业务目标的实现并不成正比关系，也就是说，描述数据不是越多越好，而是应该收集和业务紧密相关的数据。例如，一家兼有PC平台和无线平台业务的电子商务公司，在PC上可能更多地关注成交额，而在无线平台上更多关注的应该是活跃用户数。

描述数据对具体的业务人员来说，可以使其更好地了解业务发展的状况，让他们对日常业务有更加清楚的认知；对于管理层来说，经常关注业务数据也能够让其对企业发展有更好的了解，以做出明智的决策。

用来描述数据最好的一种方式就是分析数据的框架，在复杂的数据中抽象出核心的点，让使用者能够在极短的时间里看到经营状况，同样，又能够让使用者看到更多他想看的细节数据。分析数据的框架是对一个数据分析师的基本要求，基于对数据的理解，对数据进行分类和有逻辑地展示。通常，优秀的数据分析师都具备非常好的数据框架分析能力。

（三）时间价值

如果你不是第一次在京东上买东西，你曾经的历史购买行为，就会呈现出时间价值。这些数据已经不仅仅是在描述之前买过的物品了，还展示出在这一时间轴上你曾经买过什么，以便让网站对你将要买什么做出最佳预测。

在考虑了时间的维度之后，数据会具有更大的价值。对于时间的分析，在数据分析中是一个非常重要，但往往也是比较有难度的部分。

大数据分析的一个非常重要的作用就是能够基于大量历史数据进行分析，而时间则是代表历史的一个必然维度。数据的时间价值是大数据运用最直接的体现，通过对时间的分析，能够很好地归纳出一个用户对于一种场景的偏好。而知道了用户的偏好，企业对用户做出的商品推荐也就能够更加精准。

时间价值除了体现历史的数据之外，还有一个价值是"即时"，互联网广告领域的实时竞价，就是基于即时的一种运用。实时竞价就是当用户进入某一个场景之后，各家需求方平台就会来进行竞价，对用户进行数据推送。例如，用户正在浏览一个和化妆品有关的页面，在这个场景中就会出现和化妆品有关的信息。这个化妆品的广告不是预先设置好的，而是在这个具体的场景中通过实时竞价出现的。

（四）预测价值

数据的预测价值分成两个部分。第一个部分是对某一个单品进行预测，如在电子商务中，凡是能够产生数据、能够用于推荐的，都会产生预测价值。例如，推荐系统推荐了一款T恤，它有多大的可能性被点击，这就是预测价值。预测价值本身没有什么价值，它只是在估计这个商品时是有价值的，所以预测数据可以让你对未来可能出现的情况做好准备。推荐系统估计今天会有 10 个用户来买这件 T 恤，这就是预测。再问一个追加问题："你有多大的信心今天能卖出 10 件 T 恤？"你说有 98% 的可能性，那么这就是对未来的预判及准确度的预估。

预测价值的第二部分就是数据对于经营状况的预测，即对公司的整体经营进行预测，并能够用预测的结论指导公司的经营策略。在今天的电商中，无线是一个重要的部门，对于新的无线业务来说，核心指标之一就是每天的活跃用户数，而且这个指标也是对无线团队进行考核的重要依据。作为无线团队的负责人，到底怎么判断现在的经营状况和目标之间存在着多大的差距，这就需要对数据进行预测。通过预测，将活跃用户分成新增和留存两个指标，进而分析对目标的贡献度分别是多少，并分别对两个指标制定出相应的产品策略，然后分解目标，进行日常监控。这种类型的数据能够对公司整体的经营策略产生非常大的影响。

（五）产出数据的价值

从数据的价值来说，很多数据本身并没有特别的含义，但是把几个数据组合在一起或者对部分数据进行整合之后就产生了新的价值。例如，在电子商务开始初期，很多人都关注诚信问题，那么如何才能评价诚信呢？于是就产生了两个衍生指标，一个是好评率，一个是累积好评数。这两个指标，就是目前在电商平台的页面上经常看到的卖家的好评率和星钻级别，用户能够基于此了解这个卖家的历史经营状况和诚信状况。

但是，仅以这两个指标来对卖家进行评价，会显得略微有些单薄，因为它们无法很精确地衡量出卖家的服务水平。于是，又衍生出更多的指标，如与描述相符、物流速度等，这些指标最终变成了一个新的指标——店铺评分系统，消费者可以用它来综合评价这个卖家的服务水平。

当然，某个单一的商品在电商网站上可能会出现几千条评价，而评价又是用户站在自己的立场进行的，但是针对某个用户，每次买一样东西都要阅读几千条评价显然是不太可能的，因此就需要把这些评价进行重新定位，以产生出新的能够帮助用户做出明智购买决策的数据，这些数据就是关键概念的抽取。

在认识了数据的价值后，我们就能更好地识别出哪些是我们想要的核心数据，就能够更好地发挥数据的作用。精细的数据分类、严格的数据生产加工过程，将让我们在使用数据时游刃有余。

二、大智移云价值的具体分析

（一）大智移云不一定有大价值

国际权威的数据公司曾对数据的价值有这样的一个预计，到 2015 年，大智移云市场将增长至 169 亿美元，该领域每年的增长率将达到 40%，约为其他信息技术领域的 7 倍。

有的研究公司指出，2011年，大智移云专营供应商财政收入不到5亿美元。尽管这只占该领域总收入的较小份额，但他们认为，这些大智移云专营供应商已成为创新的主要来源。

不可否认，很多互联网企业掌握着庞大的数据，如果没有对其进行数据分析，这些数据就是一个沉重的负担。前面说过，光是采集和储存这些数据就要耗费很多人力资源和时间成本，而采集到的数据不经分析就无法给企业带来利润，企业在这一过程中就只有支出没有收入。

麦肯锡公司调查发现，大智移云确实给很多行业带来了价值，如为美国的医疗行业带来了每年3000亿美元的价值，而其他的行业也一样可以从大智移云中受惠。

大智移云带来大价值，但是大智移云不等于大价值，就像一座未开发的金矿不等于黄金万两一样。金矿只有通过开发成为金砖并放到交易市场上之后才能产生价值，而数据只有通过技术和分析工具显现在大家面前，使得数据变成信息，然后分离出有用的信息，才能产生价值。大智移云也是一样，无非就是数据的量不同。

大智移云就像一座庞大的冰山，大量的数据都隐藏在海面之下，显现出来的只有一点点。如何将这些大量的数据挖掘出价值，这和IT技术进步相关。现在，计算机的硬件和软件计算能力都越来越强大，使得我们从大量数据中提取有用信息的速度也越来越快，很多以前我们无法计算的问题现在都能够得到解决。例如，富士通帮日本的医疗机构做数据挖掘，其中一个项目是将很多电子病历、抑郁症患者的DNA信息、抑郁症患者的重点发病地都结合起来。他们根据病例、气象、DNA、地域数据，分析抑郁症患者自杀的概率，建立数据模型进行验证。这在过去是不可能做到的，但现在有了IT技术，可以把假设通过技术很快地运算出来并加以验证，这样，以前没有体现出价值的数据便体现出了价值。另一方面，过去某些海量数据可能也是可以进行分析的，但是因为数据量太大或者计算过于复杂，得到结果的速度实在太慢，等待结果出来时，数据的时效性可能已经过了。例如，我们要预测第二天的天气，以前的计算机可能需要三四天才能够计算出来，而等到计算结果出来，预测本身已经失去了意义。而现在，同样的计算可能只需要几个小时，这样，预测本身的价值就体现出来了。

大智移云不等于大价值，但大智移云分析做好后，就会带来大价值。随着大智移云技术的发展，一些现在将大智移云视为负担的企业将越来越多地感受到大智移云分析带来的甜头。

（二）大智移云也会有价值遗憾

因为数据给人带来的实际用途是优劣并存的，所以大智移云的价值到底有多大，目前没有谁能给出准确的计量。

2013年，国外著名的社交网站"脸谱"实现60亿美元的收益，而创造这么多收益的"脸谱"居然没有向用户收取一分钱。"脸谱"的所有服务对用户都完全免费。如果你是"脸谱"的用户，你会不会觉得你使用"脸谱"的服务简直是在占这个网站的便宜呢？"脸谱"

不是慈善机构，它的管理者不是国王，其网站不是供所有人免费使用的牛皮公路。事实上，正如2010年《时代》周刊评选出的100位最具影响力的人物之一的思想家杰伦·拉尼尔所说："'脸谱'的用户2013年将为这家公司创造60亿美元的收入，却得不到一分钱的报酬。"杰伦·拉尼尔为什么这么说呢？这又是一个大数据的案例了。"脸谱"应该有自己的赢利方式，只是人们不知道它是如何赢利的罢了。这是非常正确的想法，事实也确实如此。"脸谱"的价值正是数以亿计的用户在使用过程中不知不觉积累的大数据形成的。通过分析用户的爱好、身份资料、个人信息和浏览习惯，"脸谱"就能够猜测到每个用户的消费喜好，例如，你最容易被哪类广告吸引，每个网站页面都有一个"喜好按钮"，哪怕你从来不按按钮，你的信息也会被反馈给"脸谱"。

在大智移云时代，数据就是金矿，而创造数据的用户便是产生金矿的原材料。"脸谱"的主要产品是社交网络，而造就一个良好社交网络的最重要因素是它的内容。为脸谱提供内容的，正是一个个用户。用户提供的内容使网站变得美好，而他们的个人信息使得网站变得有价值。

这一切都解释了为什么像"脸谱"这么一家雇员少于5000人的公司，如今市值超过650亿美元。在杰伦·拉尼尔看来，这是一种巨大的不公平，也是大智移云时代的一个巨大缺陷。像"脸谱"一样的公司，通过收集我们的各种行为数据获得巨大利润，而我们的行为本身却被视为是毫无价值的，似乎它们无须为我们的劳动付出任何报酬。这么看来，在大智移云时代，表面上我们是在免费使用着某些公司的各种资源，而实际上是我们付出各种劳动，某些公司免费搜集着我们产生的数据，没有给我们任何报酬。

如今，大智移云能在各行各业发挥其他工具完全无法代替的作用，但大智移云并不是万能的，并不是任何时候、任何场合都适用。大智移云本身也有局限性，在大智移云成为一个热门话题的今天，我们不能迷信大智移云，而是需要弄清楚状况，知道什么时候需要使用大智移云，什么时候需要使用其他工具。

几年前，世界爆发金融危机时，意大利一家大银行的CEO做出了一个让很多人都觉得不符合常规的决定。考虑到经济的疲软以及未来欧元危机的前景，很多人认为他应该会退出意大利市场，可是他最终决定留在意大利挺过任何潜在的危机。做决定前，这位CEO让手下的智囊团预测出可能发生的一系列不利情况，计算出这些情况对于公司意味着什么。但是最终，他还是根据价值判断做出了决定。他的银行已经在意大利经营几十年，他不想让意大利人觉得他的银行是一个不可以共患难的朋友，他也想让银行里的员工觉得时局艰难时公司不会转移，即便这样做会有一些短期的成本损失。他在做决定时没有忘记参考数据分析，最终，他遵循了另外一条思路。结果表明，这条思路无疑是正确的。

商业有赖于信任，信任是带有感情的互惠行为。在艰难时期仍然坚守诚信的公司和人会赢得别人的好感和尊重，即便这些不易通过数据来衡量，也是极有价值的。

这个故事里面暗藏了大智移云分析的优点和局限。在当今这一历史性时刻，用于数据收集的计算机正调节着我们的生活。在这个世界，数据可以用于帮助我们理解令人难以置信的复杂情况，可以帮助我们弥补自己直觉上的过度自信，帮助我们减轻因为情感、观念、经验等主观因素导致的对事实的扭曲。但是，还有很多事大智移云是无能为力的。例如，大智移云对准确描述社会活动是无能为力的。人的大脑在数学方面很差，但是在社会认知上很优秀。我们总能从一个人面部表情的微弱变化捕捉到其很细微的情绪，从一个微小的动作判断其心理状态。同时，我们很多时候需要用情感来对一些事物进行价值判断。这些方面，大数据并不擅长。大智移云分析本身是由计算机来进行的，它善于衡量社会交往的数量而非质量。例如，一个社交网络专家或许可以通过大智移云分析绘制出你在平时80%的时间里与常见的10名同事或朋友的交往情况，但他没办法通过大数据分析捕捉到你对在某个很遥远的地方生活的近些年从来没有见面的前女友的复杂情感。因此，在做有关社会关系的决策时，想要用办公桌上的粗糙机器替代神奇大脑的想法是很浅薄和愚蠢的。

大智移云在解决很多领域的重大问题方面也有局限。一个公司可以做一个随机对照试验来判断到底是哪一封促销邮件勾起了用户的购买欲，但一个政府不能用同样的办法来刺激萧条的经济，因为没有另外一个政府做对照。怎样能够刺激经济增长，这个问题经济学家和政府官员都很关心，也引发过很多争论。关于这个问题，我们有堆积如山的数据可用，但是没有哪位参与争论的人会被数据说服。

而且，大智移云分析更偏向分析潮流和趋势，对一些突出的、特异的个例则毫无办法。当大量个体对某种文化产品迅速产生兴趣时，大智移云分析可以敏锐地侦测到这种趋势，但其中一些可能非常杰出的东西从一开始就被数据摒弃了，因为它们的特异之处并不为人所知。

另外，数据本身也有局限。纽约大学教授丽莎·吉特曼有一本学术著作名为《原始数据只是一种修辞》，书中指出：数据从来都不可能是原始存在的，因为它不是自然的产物，而是依照一个人的倾向和价值观念而被构建出来的。我们最初定下的采集数据的办法已经决定数据将以何种面貌呈现出来。数据分析的结果看似客观公正，但其实价值选择贯穿了从构建到解读的全过程。数据会掩盖价值，没有任何数据是原始的，它们往往是根据人的倾向和价值观构建起来的。最终的结果看起来很无私，但实际上从构建到演绎的整个过程一直伴随着价值选择。

这并不是说大智移云就没什么了不起的，而是说数据和其他工具一样，在一些方面有价值，而在另一方面则存在着遗憾。

（三）旧数据也会有新用途

企业、政府乃至个人都积累了不少各方面的数据，这些数据有些是几十年前的，有的甚至有数百年的历史。那么这些数据除了偶尔被历史学家考证使用外，还能派上其他用场吗？答案是肯定的。

人们在看待数据时，常常会犯一个常见的错误：他们喜欢新的数据，认为新的数据更及时、更全面，而那些陈旧的数据似乎没什么用处。而事实远非如此。很多旧的数据里，也蕴含着不少我们没有发觉的金矿。这些数据被整理分析后,一样能得到非常有用的信息。

美国著名摄影师和出版人里克·斯莫兰是一个有趣的人,他做了许多跟大数据有关的摄影项目,其中有个项目叫"大数据人类面孔"。这个项目启动的一个为期8天的"测量我们的世界"活动,邀请全球各地的人们通过智能手机实时地分享和对比他们的生活。其中,有一张照片是里克·斯莫兰和一位计算机科学家、一位心脏病学家兼计算生物学家站在一堆废弃的心电图数据纸带中。这个3人团队创建了一个全新的计算机模型,它可以用来分析那些曾经被丢弃的心电图数据,从中发现被忽视的心脏疾病复发信号,并能大大改进今天的心脏病风险筛查技术。

对于很多人来说,那些已经过时的心电图数据是毫无价值的,所以那些数据纸带完全就是一堆废纸。可是,聪明的科学家们就是对那些废纸里的数据进行分析才得到振奋人心的科研成果的。不仅是科研方面需要陈旧的数据,其他方面一样需要。曾有这么一个例子:一家石油勘探公司有一个新系统可以提供尼日利亚的3D地质数据,但是该公司没有太多的文件数据库以供这个系统来进行深度分析。一位存储管理员记得某处存有大量的旧图片,然后他通过一个商业智能分析工具来分析这些数据是否可以用于新系统。结果这家石油勘探公司得以将数十年的旧数据导入新系统。他们将这些旧数据与新的材料进行交叉分析,从而取得了几项重大发现。

以上是旧数据在科研和商业方面的应用。而在政府服务方面,历史上就有一个很好的反面例子。

朝鲜战争爆发前8天,美国民间咨询公司兰德公司通过秘密渠道告知美国对华政策研究室,他们投入大量人力和资金研究了一个课题——"如果美国出兵朝鲜,中国的态度将会怎样",而且第一个研究成果已经出来了,虽然结论只有一句话,却索价500万美元。当时美国对华政策研究室认为这家公司疯了,对他们一笑置之。

但是几年后,在朝鲜战场上,当美军被中国人民志愿军和朝鲜军队打得丢盔卸甲、狼狈不堪时,美国国会开始辩论"出兵朝鲜是否真有必要"的问题,在野党为了在国会上辩论言之有理,急忙用280万美元的价格买下了该咨询公司这份已经过时的研究成果。研究的结论只有一句话:"中国将出兵朝鲜。"但是,在这一句话结论后附有长达600页的分析报告,详尽地分析了中国的国情,以充分的证据表明中国不会坐视朝鲜的危机而不救,必将出兵并置美军于进退两难的境地。并且,这家咨询公司断定:一旦中国出兵,美国将以不光彩的姿态主动退出这场战争。

从朝鲜战场回来的美军总司令麦克阿瑟将军得知这个研究之后,感慨道:"我们最大的失策是怀疑咨询公司的价值,舍不得为一条科学的结论付出不到一架战斗机的代价,结果是我们在朝鲜战场上付出了830亿美元和10万多名士兵的生命。"

看过这些例子,还有谁会觉得旧数据是没用的垃圾呢?有的数据可能以某一种方式来分析时是无用的,而通过另一种分析方式就能得出有价值的信息;有的数据现在可能没什么分析价值,但这不代表它以后也不会有分析价值。大智移云时代,没有不能分析的数据,没有毫无价值的数据。无论是陈旧的数据还是新的数据,都有派上用场的地方。

第二章　大智移云与企业创新

第一节　企业创新的含义与内容

一、企业创新的含义

企业创新是企业管理的一项重要内容，是决定公司发展方向、发展规模、发展速度的关键因素。从整个公司管理，到具体业务运行，企业的创新贯穿在每一个部门、每一个细节中。企业创新涉及组织创新、技术创新、管理创新、战略创新等方面的问题，而且，各方面的问题并不是孤立地考虑某一方面的创新，而是要全盘考虑整个企业的发展，因为各方面创新是有较强的关联度的。

奥地利经济学家熊彼特提出，创新指企业通过引进新的产品、采用新的生产方法、开辟新的市场、获得新的原料供给、实行新的组织管理和生产要素的新组合、获取新利润的过程。创新是企业生存的根本。创新的企业应该将创新战略与企业经营战略或经营理念相结合，制定创新规划，采取正确的评估指标和激励机制，使企业找到最合适的创意并获得最多的投资回报。

在创新要素基本相同的情况下，由于每个企业的创新战略、组织机构、管理流程、企业文化、评估指标和激励机制等方面各有不同特点，使得每一种资源优势的持续力并不相同，因而创新成果也不同。企业从产品开发到售后服务的整个价值链中的任一项活动都可以产生竞争优势。创新决定着企业能否在竞争中得以发展，不创新就会停滞，甚至被竞争对手超越。只有在创新方面比竞争对手做得更快、更好、更持久的企业才能保持长盛不衰，乃至影响整个行业的发展。

企业如何创新？企业创新不仅仅是开展尽量多的创新业务或开发新技术，有时少量的创新业务或新技术之外的新商业模式也可以使企业取得快速发展。企业成功的可持续性创新包括两方面：一是技术创新，即研究开发新产品、新方法；二是商业模式创新。成功的创新是将技术创新与商业模式创新在理念上和行动上整合到一起的创新。

技术创新与"技术发明（创新的技术）"的区别在于：技术创新指企业应用创新的知识和新技术、新工艺，采用新的生产方式和经营管理模式，提高产品质量，开发生产新的产品，提供新的服务，占据市场并实现市场价值。技术创新是实现技术与经济结合的过程。

创新的技术只能为企业提供成功的机会，但是并不能保证企业成功，创新的技术要与一系列的创新活动组合才能为企业创造价值。

通常创新的技术与技术创新之间存在"滞后期"。如拉链发明产生于1891年，而1918年才有拉链产品上市；蒸汽机发明产生于1764年，而1775年才有发动机的产品；静电复印技术1937年获得美国专利商标局的专利授权，1959年复印机才被推向市场；移动电话技术1973年获得美国专利商标局的专利授权，到20世纪90年代中期手机才被推向市场。

二、企业创新的内容

企业创新的内容几乎包括了企业系统的每一个层面，然而对于由企业高层来决策的创新项目来说，则只涉及与企业的生存、发展攸关的重大问题。例如，一个企业实施提高竞争力的战略，其决策的重点在于提高规模效益，增强竞争力，而且必须明确所追求的是"效益"，而不是"规模"，是为了"提高效益"而增强竞争力，而不仅是为了"扩张规模"，所以，决策的要件是效益，关联的问题是规模。对企业的高层决策者来说，创新决策包括如何寻找创新的突破口，对创新机遇进行预测；如何保证市场的份额，对以创新为基础提高市场竞争力的各种商业活动的决策；如何通过创新使企业保持良好的组织形式，建立最佳的激励机制激发企业活力的管理决策。

（一）机遇预测

在激烈的市场竞争中，企业面临着许多环境条件随机变化的情况，由于条件的改变，企业将面临新的挑战与机遇，企业的竞争地位会受到巨大的威胁，也会因此使员工丧失使命感而使企业的凝聚力被削弱。同时，环境变化将给企业的创新带来机遇，一方面是市场向着本企业发展战略所设定的方向发展，或者是激发企业原来潜在的创新活力，为企业的发展带来各种商机；另一方面是由于员工在市场压力的条件下迸发出创新的欲望和激情，或者是环境变化给企业员工的创新带来新的机会。这内外两方面的创新机遇将为企业进一步发展和跃迁产生可能性。因此，企业把握创新机遇、预测成功率，对于制定创新企业的经营战略和部署是非常关键的。

创新机遇的预测需要企业有良好的运作组织，高层决策者要有极为敏锐的观察发现能力。这是因为不论是引人注目的创新还是微不足道的改进，大多数创造性活动不仅事先未曾计划好，而且完全出乎企业的意料。事实上，有可能存在的情况是员工在没有企业管理层直接授意和指导的情况下提出了创新或具有潜在用途的新尝试，如果企业的决策者没有用敏锐的眼光去发现，很可能企业的创新机遇在瞬间就会消失掉。因为这些创新萌芽都不是企业管理层规划的结果，任何人，包括管理决策层，甚至创新者自己先前都没有想到这些创意会有何特别的创造性。

创新机遇的预测和把握，对企业的决策来说太重要了，机遇把握得准，可以给企业带来丰厚的利润；把握不准，则会给企业带来灾难。

（二）营销创新

在市场经济时代，企业家和市场都认可这样的说法：那些不能创新的经营者，终将摆脱不了被淘汰的命运。企业通过创新经营，在市场的某些领域或层次能捷足先登，就能与企业对手拉开差距，这是确定企业优势的最重要的手段。如前所述，笔者认为，对于企业本身来说，只要企业没有做过的、为了达到发展的目的去设计以及策划并付诸实施的事情都属于企业创新。例如，某个从事电视机经营的企业，现在策划而且进入计算机设计和生产领域，这对于该企业来说，就是创新的行为。

基于这样的观点，我们认为，市场营销创新决策从不同的角度去考查就有不同的内容。例如，从企业的经营行业来看，商业创新决策包括单一经营行业的创新决策和多元化经营创新决策。对于多元化经营创新决策来说，并非仅仅扩大经营领域这么简单，对于进入一个陌生行业的企业，如果没有做好充分的准备，则可能会碰个头破血流。

（三）管理创新

管理决策是组织在内部范围内贯彻执行战略决策过程中的具体决策。它旨在实现组织内部各环节活动的高度协调和资源的合理使用。例如，企业的生产计划、销售计划、更新设备选择、新产品定价、资金筹措等问题的决策即属此类。管理决策不直接决定组织的命运，但其正确与否将在很大程度上影响管理效能的高低，进而影响组织目标的实现程度。管理创新决策涉及的就是管理范围的各个重要方面的创新的决策。

管理创新是在经济全球化和信息化的历史背景下产生的。早在20世纪70年代，从日本开始的以"全面质量管理"为核心的"二战"后第一次企业管理大变革，是与工业化时代相适应的生产管理模式。而在信息化的今天，从美国掀起并涉及日本和欧洲的新的企业管理创新的核心，则是"企业重新构建"，其主要内容是：一方面企业刮起国内和国际并购风潮；另一方面企业从"金字塔型"向"网络型"转变，即变纵向管理为横向管理。此外，还出现了企业管理概念的创新、公司组织结构的创新、企业管理方法创新、企业社会形象创新和企业产品创新等新内容。

从企业管理创新的内容可以发现，企业管理创新决策对于企业的生存和发展越来越重要，其重要性越来越接近企业的战略创新。例如，前面提到的企业的组织结构的创新，尽管并没有与企业的命运直接相关，但是组织的扩大对企业的生存影响程度已经很高；又如，企业形象和文化创新是企业的精神状态、企业在社会公众心目中的形象的表现，而这是企业的生命力强弱的重要影响因素。所以，必须把管理创新决策列为企业高层决策的重要内容。

第二节 财务创新的影响因素

企业是产业发展的主体,产业的发展与创新的环境、企业管理者的创新战略定位,以及企业的各级组织从不同角度对产业发展产生影响。企业不仅要适时分析不断变化的宏观环境,还要不断对企业内部自身的资源、能力和核心竞争力进行评价,及时调整企业的目标和策略。针对企业创新目标,通过制度创新、管理创新和技术创新来实现。

一、创新的思维和目标

创新型企业在制定和实施企业战略的过程中,企业管理者要发挥导向作用、核心作用和凝聚作用。企业管理者要重视有关的市场、竞争对手以及企业自身的信息,及时掌握各方面的信息并加以综合运用。企业管理者还要能够善于使用人才,建立优化的人才团队,树立为顾客着想的价值高于利润的价值、集体的价值高于自我实现的价值的理念。

通过制定长期战略规划、中期项目计划、短期项目计划来提升企业的创新能力、行业地位等。为了保证战略目标的实现,在实施过程中要进行全面跟踪,及时发现问题,做好信息反馈,采取修正措施,使战略顺利实施。

1. 创新目标合理、可持续和可落实的基本要求

(1)企业创新发展的总方向和总任务在规定的一段时间内相对稳定;
(2)目标合理而且可实现,既不过高,也不过低;
(3)目标可用具体指标来检验。

按照企业在研发、技术和商业战略方面的范围和重视程度,将企业创新目标分成两类:一类是专业化战略,即公司集中在某一特殊领域的研究和开发资源,在该领域开发极高的专业产品/技术;另一类是包括各学科的多样化战略,即公司积极地在不同领域和地区投入技术开发,是从事多样化的商业运作和开发的整体战略。多样化的业务投资对于防御经济形势突然变化带来的商业风险非常有用。

针对企业创新目标,将企业研究和开发分为突破式研发和渐进式研发。突破式研发,是高级原创性的新技术的研究和开发,主要目的是创造具有新功能或独特性能材料的新产品,新产品在打开新市场和更新公司产品方面起主要作用;渐进式研发,维持和加强现有业务的研究和开发,主要目的是提高现有的技术水平,改进产品质量,降低成本,以加强或扩充现有业务。

对于任何一个企业,时间是决定研究和开发分配的基本因素。对于新的、高度原创性的产品来说,从课题概念的启动到商业收益一般需要10年或更长时间。企业要优先对其研究和开发的资源进行有效的分配,包括对人力资源和资金的分配。

2. 项目计划要体现的内容

（1）技术创新方面。加强知识产权布局，尤其是战略性专利的布局。实现增加发明专利数、新产品开发数、制定标准数、降低产品成本等。

战略性专利指企业在某产品领域将一项技术商业化时起决定性作用的专利，即基础专利，也称为核心专利。

（2）商业模式创新方面。包括拓展市场创造价值、提高新产品销售收入、提高市场占有率、加强管理防范风险等。

战略规划一般为3～10年，中期计划介于战略规划和短期计划之间，时间跨越2～3年。项目计划一般是为了实现战略转变开展的某项活动的一次性计划，一般在3年内完成。

工业和信息化部于2013年11月8日印发了《工业企业知识产权管理指南》。其中明确规定，企业知识产权工作经费要占研发经费的1%～5%。据报道，日本的企业研发投资占销售额5%的才有竞争力；企业研发投资占销售额2%的勉强维持；企业投资占销售额2%的难以生存。日本1980年研发的平均支出占总销售额的1.5%，最近几年研发的支出占总销售额的5%或更多。世界百强企业的研发投入一般达到10%～15%，能使生产、研究开发同步，保持企业的竞争力。

二、创新的环境

社会的政策、经济、技术和文化环境对企业创新有重要影响。企业内部的技术水平、管理能力和各种资源状况会对企业创新产生更大影响。

（1）国家及地方的产业、税收、金融、补贴等政策法规，能够给企业带来更多的发展机遇。当前，我国要建设以技术创新为经济社会发展核心驱动力的创新型国家，并致力于由中国制造向中国创造转变。国家重点产业处于优先发展的地位。

（2）经济环境涉及社会经济状况和国家经济政策，包括经济制度、产业布局、资源状况、经济发展水平及经济趋势等的动态。我国加入世界贸易组织（WTO）后，为企业国际化创造了条件，有利于企业引进境外资本、先进技术和管理经验，关税大幅度下降使得进口成本下降，但是企业要面对全球市场并与各国知名的跨国公司进行业务竞争。企业要不断挖掘新的经济增长点，促进产业升级，最终实现经济的转型升级。

①劳动密集型企业要向高技术服务业发展，改进当前主要依赖的低成本、低附加值产品出口的现状。

②资本密集型企业针对全球化产品在本国市场饱和的情况，转而开发海外市场，将制造、销售等业务放在海外经营。

企业还要关注国家或地区的利率、汇率、失业率、居民可支配收入等要素的变化。如果贷款利率高，则企业的融资成本也高。人民币升值，经营进口产品的企业成本降低，但同时也降低了出口企业的产品竞争力。居民可支配收入增多，对高档产品的需求就会增强。

（3）技术环境涉及政府的关注度、技术发展的进程、技术更新的速度、能源的成本、信息技术的发展等。技术创新在为企业提供机遇的同时，也会对企业构成威胁。新技术会扩大产品市场，促进企业提高产品质量、性能，提高生产效率，也会使某些行业面临挑战。

企业除了关注上述所提到的影响企业创新的政策、经济和技术相关的因素外，还要考虑社会文化对企业的工作安排、管理流程、报酬及激励制度等的影响，如企业所处区域的社会结构、人才构成、地理资源分布特点、公众价值观念、生活方式、文化传统等。企业文化的影响因素包括员工的情绪、投入、敬业精神、忠诚度等。

三、创新的组织和管理

据调查，投资人在选择新投资项目时最先考虑的是管理团队的能力，其次是在行业中占据主要市场的有前途的企业，最后是选择能使其成为技术领先企业的项目。企业要具有持续的竞争优势，就要拥有高级人力资源及核心技术能力。这需要持续开展针对员工专业化技能的培训，建立学习型的组织以打造企业的核心竞争力。

企业还要开展"全流程知识产权管理"，在企业经营活动中嵌套入所有有关知识产权的业务，包括专利、商标、版权、商业秘密等，在市场规划、研发、采购、制造、销售等各个环节中实现统一的规划管理，找准切入点合理分配资源。

（1）高层管理团队（领导者）的职责。作为企业的创新战略、投资规模、风险水平等整体平衡的决策者，要具有选择合适的创新战略、创新模式和培育创新文化的能力。高层管理者不但要有不断创新意识、机会意识，即善于捕捉信息并分析判断企业竞争优势的意识，还要善于用人，即拥有高素质的技术人才和管理人才，如设立首席技术官。为了使企业获得短期或中期的成功，要注重所采用的创新战略和创新模式。为了使企业培养长期的、可持续的创新力，要关注评估指标和激励机制。

（2）中级管理者的职责。作为创新运行的责任者，要能够理解并执行企业的战略、要组织研究和设计创新方案并实施、要计划和把握创新工作的进度。要制订工作计划，在专业技术和重要领域对员工进行培训，不仅告诉员工"怎么做"，还要使员工知道"为什么这样做"。

（3）技术/业务人员的职责。作为完成创新的运行者，要按照创新方案的要求提出各种创新思路并进行研究和应用，具体涉及对相关技术信息和市场信息的收集和综合分析、试验/制造可商业化的产品、产品上市等。

（4）实现有效的管理。采用集中与分散执行相结合管理方式，针对企业特定的目标和任务，按照整体的业务流程，将管理职能进行集成和组合，实现全过程、连续性的管理和服务。企业知识产权管理机构的组织形式可以分为集中式管理和分散式管理。

四、创新的激励机制

创新不仅需要资金投入，还需要研发人员的智力投入，要用完善的激励制度来激发参与创新人员的主动性和创造性。企业要建立公司的奖励体系，激励发明人在发明及研究和开发活动中的创造力，赋予其成就感，使其对事业全身心地投入。对发明或重要开发做出突出贡献的研究人员给予荣誉奖励、经济补偿等。发明人个人能从该发明获得的商业利润中得到一定数额的奖金。

要在"特色产品"和"高新技术"领域启动和开发新的业务，就要持续不断地拥有合适的人才，还要对员工进行职业规划，留住优秀人才。优秀人才不仅具备能力、崇高品质和智慧，而且还拥有众多人脉。为了达到目的，还要对员工进行法律、专利实践以及其他相关领域的周期性的和连续的培训和教育。

第三节　大智移云对财务创新带来的机遇和挑战

一、"互联网+"新技术助力财务创新

自互联网产生以来，互联网便成为企业集团争相抢占市场、搭建核心竞争力的主要途径，对信息化建设的需求也愈来愈强烈，而传统的财务管理存在的问题和弊端也逐渐凸显。很多企业集团基于自身发展的需要，纷纷利用云计算、大数据、物联网和可扩展视野报告语言（XBRL）等创新发展，开发运用适合集团多样化、云端化发展的财务管理系统，如小米智能制造模式、中兴通讯财务云和在线远程会计服务等，使财务创新越发智能化和全球化。借助"互联网+"新技术，企业集团逐渐实现财务共享，与政府信息互通互联，不断打破财务会计局限，与业务等各领域融合发展，逐步实现全价值链控制，为集团创建核心竞争力，助力企业集团财务创新。

二、财务创新多元化、国际化发展

借助"互联网+"优势，企业集团的财务创新不仅体现在管理理念、管理模式、工作方法和财务系统等财务领域，也注重与业务、市场和技术等领域的融合，朝着多元化协同发展。而随着国家"走出去"战略的推动和政策优惠的支持，很多大型跨国企业集团不断落实其国际化战略，也不断推动财务领域的创新朝着国际化发展。例如，不断统一全球核算标准，开发应用国际化财务系统，完善体系建设以应对世界各地的汇率变动、税收风险和投融资风险等财务风险，并通过全球共享模式帮助企业集团财务逐渐实现远程集中化管

理。目前，阿里、海尔、中石化等各行业的龙头企业集团均已在国际化财务创新的道路上越走越远，对企业集团进行全面财务创新。

三、财务创新难以匹配"互联网+"实际发展

相对于其他国家，我国财务创新起步较晚，财务创新仍处于探索阶段，创新之路也并不平坦。在我国特殊的国情背景下，随着"互联网+"的迅猛发展，越来越多的企业集团走出国门，但财务创新速度却滞后于新形势的发展需要。对于财务创新，有成功也会有失败。毕竟，在创新变革过程中势必会面对来自各方面的难题。例如，在"互联网+"的影响下，企业集团的财务管理愈显低效、兼并重组频繁、互联网过于开放而带来信息数据安全隐患、信息化建设技术含量不高、财务人员素质参差不齐以及财务风控机制不健全等诸如此类问题，都严重制约了企业集团进一步的健康发展。同时，对其财务创新也带来了极大的挑战，导致财务创新速度缓慢，明显滞后于其"互联网+"下实际发展的步伐。目前，不加改进、只是单纯模仿财务创新的企业集团也不在少数。企业集团应在借鉴优秀创新方法和经验的同时，结合其实际情况适时地进行财务创新。

第四节 大智移云背景下财务创新现存问题

一、传统的财务管理理念难以转变

在"互联网+"时代下，很多企业集团的财务管理理念遭受了前所未有的冲击。现存的很多财务管理观念仍比较陈旧，于企业集团发展而言，缺乏一定的科学性。在融资过程中忽视对资本成本的考量、在投资过程中较少考虑风险评估、财务管理目标过于单一化、忽视成本与资源的配置问题、财务工作未充分发挥财务管理各项基本职能等，都对企业集团的成本管控、财务核算分析和资金管理等造成了巨大威胁。然而，即使知道转变财务管理理念已刻不容缓，目前也只有大型企业可较好地实现理念转变。相比中小企业，企业集团具有规模实力和管理上的优势，有较好的转变管理观念的基础和发展机遇，但相应地其面临的"互联网+"所带来的市场冲击和挑战也会更大。

随着"互联网+"不断发展，企业集团逐渐接受资源整合和财务共享等理念，积极应对财务创新，但仍有很多传统观念难以转变。首先，由于企业集团的规模较大，财务系统太过庞大，创新变革也不是一朝之间便可完成的，尤其是根深蒂固的传统管理理念，要想顺利转变过来，也并不是一件易事。毕竟，尾大不掉。其次，企业集团为应对现代市场经济环境的发展，虽逐渐放弃以前单一的企业目标，将新理念贯穿于集团经济管理的各个环节当中，但这始终是一个循序渐进的过程。

二、财务管理组织模式陈旧

"互联网+"发展迅猛,但很多企业集团财务管理模式并未完全与"互联网+"结合,将其植入到互联网基因中,以应对"互联网+"对企业集团的快速变革,也未加强对财务管理模式的预测和监督。面对变革,很多企业集团仍坚持运用以大量财务核算工作为核心的分散型财务管理模式或不加改进地单纯模仿财务共享中心建设,导致出现一系列的经营管理问题。财务管理模式的陈旧,导致财务信息不能及时准确地进行集中化处理与传递,无法适时地为管理层提供科学的决策支持,从而造成企业集团财务管理效率低下,出现一定程度上的"信息孤岛",阻碍集团业务和财务真正的协同发展。

伴随市场经济的发展变化,第一产业、第二产业所占比重越来越少,企业集团越发重视无形资产的产出,资产结构也正在悄然变化,财务管理模式也越发难以适应企业的发展。但是,很多企业集团虽遭遇了来自"互联网+"的冲击,但在财务创新中仍只是进行单纯的模仿,而不知在模仿借鉴的基础上寻找匹配其发展的创新良策,创新企业集团的财务管理模式。我国仍有很多企业集团,只是未经修正地模仿其他企业的财务模式,导致其管理效率依旧没有太大的提高,管理模式也依旧不科学。

三、信息化建设步伐缓慢

伴随电子商务、在线支付、云计算以及人工智能等的出现,企业集团财务创新不断朝着管理会计方向发展,传统的财务管理系统已不能满足当前"互联网+"智能化、云端化的发展需求,各行各业纷纷通过加强信息智能化、安全化建设进行财务创新。但是,信息化建设的步伐却略显迟缓,对新技术的结合利用程度不够,建设力度和技术含量明显不足,提供的财务数据和财务信息系统也不足以支持产业融合的需求,严重制约企业集团的健康发展,使其面临来自各方面的财务管理压力。

这主要是以下四个原因造成的。①在瞬息万变的资本市场下,加上国家政策的大力支持,"互联网+"产业深度融合的速度越来越快,而信息化建设的步伐则明显滞后。②财务创新才推行不久,信息化建设人才缺乏,信息化建设的力度不足,导致财务创新的优势很难较快地凸显出来。③自提出"互联网+"概念以来,我国还未形成有效的市场机制对其进行引导,相关法律法规还未完善,很多企业集团信息化建设大都是在节约经营成本或者基于企业"便利"的基础上进行的,信息化建设仍在初期探索阶段。④信息化建设是一个由设计到实践这样循序渐进的长期过程,非一朝一夕便可完成,其速度自然赶不上产业融合的步伐,优势也较难迅速过渡到财务管理。

四、缺乏完善的财务体系和风险管控机制

在"互联网+"下财务创新的初期，企业集团的财务管理体系还不够完善，集团不能及时获取财务和非财务信息，财务职能划分不明晰，职责分工不明确，也未建立较完善的财务分析体系，使其不能有效发挥财务预算、财务分析和财务决策等财务基本功能。此外，互联网新技术不断发展，企业集团时常面临黑客攻击和病毒入侵等问题，严重影响其财务信息数据安全，企业面临巨大的财务风险。加之国际化战略的推行，全球贸易规模扩大，对其外汇管控、资金管理和税务管理等风险管控也造成了巨大的威胁。

由于"互联网+"具有很强的开放性和虚拟性，在信息化建设和对外扩张战略迅速发展的浪潮下，很多企业集团的财务体系还未完全转变过来，仍沿用以财务核算为核心的财务体系，过于分散单一导致问题和弊端不断凸显，财务创新速度明显滞后于战略发展的步伐，所以应进一步完善财务体系建设。而在风险管控机制上，企业集团仍使用基于内部网的财务软件，无法抵御不断升级的互联网病毒入侵，而国际化战略又面临汇率变动、资金失控等财务和经营风险，未能及时有效地建立健全的风险管控机制，使其面临更多的信息数据安全和风险管控问题。

五、财务人员的综合素质参差不齐

随着"互联网+"和大数据的发展，财务管理模式逐渐向集中型、价值型转变，财务部门地位得到很大程度的提高，企业对财务人才的培养也愈发重视。这也意味着财务人员需要拥有更高的素质，花费更多的精力用于价值管理和创造，而不再只会进行财务核算。未来财务必然需要朝着管理方向转变，但是财务部门的人员流动较小，在会计法律制度等外部环境经常变化的情况下很难与时俱进，而企业集团对国际化优秀财务人才的需求却不断增加，这促使其财务人员的综合素质愈发呈现参差不齐的趋势。

财务作为人员流动性较低的行业，很多企业集团的财务人员平均年龄较大，老员工的教育层次较低。作为比重较大的"资深"老员工，多年如一日地处理重复性的财务工作，很少在上级领导不要求的情况下主动学习新的法律法规、新的财务理论和财务方法，致使其工作能力一直停留在原地踏步阶段。除此之外，仅靠固有的财务知识和财务处理方法的老员工，很难与经过专业培养的新员工综合素质水平保持一致，也很难创新利用专业技能方法为管理层科学决策提供强有力的支持。

第三章 大智移云与企业战略

大智移云时代的来临，对各个领域传统的企业经营管理模式带来严峻挑战，企业管理将发生巨大变革。未来大智移云在企业管理中运用将十分广泛，但大智移云时代机遇与挑战并存，新兴企业不断兴起，大批企业被淘汰出局。所以，在新一轮的竞争中，企业必须在明晰大智移云特点的情况下，变革企业管理思维，并结合大智移云在企业管理中的应用，以此找准企业在大智移云时代下的角色定位。同时，有利于企业发展的稳定大智移云环境，离不开政府的引导与支持，基于此，本章阐述了政府在推动大智移云发展中的积极作用。

企业在采集和处理大智移云时，将不同的海量数据源进行结构化管理、筛选和转化，引用可视化技术对结果进行分析，使之能够被企业智能获取与应用。同时企业应该摒弃"从数据到信息再到决策"的研究思路，而应走"从数据发现价值直接到决策"的捷径。只要对企业重大经营决策有用的数据分析法，通过大智移云技术的变量定义、不确定与价值建模，都可以对企业决策管理进行风险量化分析，进而提高决策管理的科学性。大智移云为企业决策管理提供了崭新的环境和前沿的视角，给企业决策研究带来了深刻的影响并促使其不断地创新和变革。为适应企业在大智移云时代获取核心竞争力的需求，企业决策管理将走传统决策方法与大智移云技术相结合的发展道路。通过大智移云技术增强企业在现代环境下的数据分析与应用能力，提高企业决策管理的效率和能力。

第一节 大智移云有利于挖掘市场潜力

2015年8月31日，国务院印发《关于促进大数据发展的行动纲要》，意味着促进大数据发展正式升级为国家行动方略。《大数据》作者涂子沛认为，今天的互联网是沉淀数据的基础设施，数据已成为这个时代前所未有的创新资源。大智移云正给我国带来新机遇，使得"大众创业，万众创新"成为可能。数据不仅仅是黄金矿藏，更是我们未来建设智能社会的土壤。

清华大学数据科学研究院执行副院长韩亦舜表示，大智移云的核心价值在于总结过去，优化现在，预测未来。他讲到，近年来，如零售业、旅游业、新闻出版产业、金融服务业等产业发生了很多改变。结合大数据，可以让我们把事务看得更清楚、更明白，把今后工作方向预测得更准，把现在优化得更好。

不过，我国的大智移云市场发展还处于初始阶段，存在一些难题。清华大学教授杨斌认为，"无法盈利成为大智移云产业化发展的瓶颈。大智移云已在我们身边，但分布不均。在多数行业，大量的数据仍因缺乏可运营的商业模式而'沉睡'。只要充分利用大数据产生的力量，未来可以帮助我国产业实现弯道超车。"

北京天尧信息技术有限公司首席数据官郭海明认为，数据资产逐渐成为企业最有价值的资产，特别是在金融企业中，数据将成为企业精细化运营过程中不可缺少的血液，数据驱动决策将是大势所趋。现在，很多金融机构掌握着大量数据，但不知道怎么用，缺乏对数据的整合、分析能力。要知道，数据本身并不会产生价值，只有有效利用数据，将大智移云应用到业务中去，才能发挥最大价值。以消费金融为例，国家近两年出台了很多扶持消费金融发展的政策，但是消费金融发放的贷款基本上是无担保、无抵押的，坏账的催收难度系数很大，只有在大数据分析信用风险模型的基础上，精准刻画违约客户的特征，把信用风险降到最低，消费金融的盈利模式才会逐步清晰。通过大数据挖掘技术不仅可以更深层次地了解用户的消费行为，还能促使互联网消费金融信用评估体系不断完善。企业通过分析大量数据，可进一步挖掘市场机会和细分市场，对每个群体量体裁衣般地采取独特的行动。获得好的产品概念和创意，关键在于企业到底如何去搜集消费者相关的信息，如何获得趋势，挖掘出人们头脑中未来可能会消费的产品概念。用创新的方法解构消费者的生活方式，剖析消费者的生活密码，才能让吻合消费者未来生活方式的产品研发不再成为问题。如果你了解了消费者的生活密码，就可获知其潜藏在背后的真正需求。大数据分析是发现新客户群体、确定最优供应商、创新产品、了解销售季节性等问题的最好方法。因此，企业营销者的挑战将从"如何找到企业产品需求的人"变为"如何找到这些人在不同时间和空间中的需求"；从过去以单一或分散的方式去形成和这群人的沟通信息与沟通方式，到现在如何和这群人即时沟通、即时响应、即时解决他们的需求，同时在产品和消费者的买卖关系以外，建立更深层次的伙伴间的互信、双赢和可信赖的关系。通过对大数据进行高密度分析，能够明显提升企业数据的准确性和及时性，从而缩短企业产品研发时间，提升企业在商业模式、产品和服务上的创新力，大幅提升企业的商业决策水平。大数据有利于企业发掘和开拓新的市场机会；有利于企业将各种资源合理利用到目标市场；有利于制定精准的经销策略；有利于调整市场的营销策略，大大降低企业经营的风险。

企业利用用户在互联网上的访问行为偏好，为每个用户勾勒出一幅"数字剪影"，为具有相似特征的用户组提供精确服务以满足用户需求，甚至为每个客户量身定制。这一变革将大大缩减企业产品与最终用户的沟通成本。例如，一家航空公司对从未乘过飞机的人很感兴趣（细分标准是顾客的体验）。而从未乘过飞机的人又可以细分为害怕乘飞机的人、对乘飞机无所谓的人以及对乘飞机持肯定态度的人（细分标准是态度）。在持肯定态度的人中，又包括高收入有能力乘飞机的人（细分标准是收入能力）。于是这家航空公司就把力量集中在开拓那些对乘飞机持肯定态度，且还没有乘过飞机的高收入群体。最终通过对这些人进行量身定制及精准营销，以取得很好的效果。

第二节 大智移云对企业市场力量的影响

一、大智移云在反垄断法中的角色

数据问题在反垄断法中并不是一个新问题，各国既有反垄断案例中有很多涉及数据问题的，数据问题在反垄断理论文献中也较为常见。但是，理论与实务界关注大数据反垄断问题还只是最近几年的事情。Nils-Peter Schepp 和 Achim Wambach 指出，对于很多在线服务，大智移云构成有价值的资产以及一种基本的要素，从竞争政策角度去评估大数据的角色，非常有意义。

近两年国际理论界出现了一批研究论文，而美、德、法等国家的竞争执法部门还发布了相关研究报告。笔者认为，从反垄断法的角度看待大智移云，目前最值得关注的问题是，大智移云对相关企业（主要是采用数据驱动型商业模式的企业）的市场力量会带来何种影响？特别是在认定特定企业是否拥有市场支配地位时，大数据扮演着何种角色？拥有市场支配地位的企业并没有面临充分有效的竞争约束，这意味着企业的市场决定在很大程度上对竞争对手、客户和最终消费者的行为和反应不敏感。

二、大智移云对企业市场力量的直接影响

分析大智移云对企业市场力量的影响，首先需要考虑大智移云对数据拥有者自身产生何种直接的影响，即需要考虑大智移云能否直接帮助企业在相关市场上拥有更强的竞争力，甚至帮助企业拥有控制商品或服务的价格、数量或者其他交易条件的能力。

大智移云日渐成为很多互联网企业提供的商品或服务的重要因素（或原料），帮助企业不断改进服务质量、提高收益。

德国垄断委员会于2015年发布的报告指出，德国联邦卡特尔局开始讨论数据带来的竞争法问题。该报告认为，数据日渐成为企业的竞争性要素，其可以提高线上广告的针对性，并且不断优化线上服务，成为数据驱动型商业模式的一种原料。格鲁内斯和施图克也指出，很多在线企业采取的商业模式是基于个人信息，将其作为一种关键因素。这类商业模式往往涉及双边市场，即企业向消费者提供免费的技术、服务以及产品，目的是从消费者那里获得有价值的数据，从而帮助广告商精确定位潜在客户。数据驱动特点在互联网行业的表现日益明显，结合多边市场、网络效应等其他特点，大智移云在互联网行业对特定企业市场力量的促进作用日渐突出。

2016年法国与德国竞争执法部门联合发布的报告（以下简称"法德报告"）指出，数据驱动型互联网行业的诸多特点导致数据带来市场力量。在这些市场，数据的收集和使

用可能加强领先企业的市场力量。由于不同企业在所能获取的数据方面存在差异，小型企业的边缘化情况可能会不断强化。大型企业可以获得更大规模的数据，这些数据能支持更好的服务，这转而又可以吸引更多消费者并能获得更多数据（滚雪球效应）。相反，小型企业可能只能吸引少量顾客，获得较少的数据。

随着市场份额差距的增加，数据收集方面的差距也可能随之增加，这将导致不同企业间向客户提供的服务质量差距的增加。阿里尔·扎拉奇和施图克认为，互联网企业的商业模式多立足多边市场，一边向消费者提供免费产品或服务，一边向企业提供发布广告的平台。数据驱动商业模式下，企业都希望获得大智移云优势。

首先，线上平台的数据算法通过不断试错，不断接到反馈，不断优化性能进而吸引更多的消费者，获得规模效益。

其次，如果某一公司同时提供搜索引擎、网页浏览、电子邮箱、地图导航、购物等服务，通过所获得的多种类型的个人数据就可以更好地了解用户的兴趣和偏好，为用户提供更个性化的搜索结果。

最后，为用户提供更相关、更有针对性的广告，搜索引擎也可以获得更多的广告收入。而越多的用户使用某一平台，该平台也会吸引更多的广告商，即产生滚雪球效应。互联网环境下，我们每一个人的习惯、偏好等都可以通过数据分析而被挖掘和呈现，于是线上平台利用数据交易、线上营销、需求分析、价格优化驱动了企业的发展。

三、大智移云对企业的竞争对手的影响

在分析大智移云对企业市场力量的影响时，考虑现有及潜在竞争对手对大智移云的反应非常关键。如果数据拥有者获取的数据能够轻易地被竞争对手获取，或者竞争对手通过获取相关数据的替代品同样可以与数据拥有者进行有效竞争，则大智移云强化相关企业市场力量的作用就比较有限。

（一）数据可获得性

1. 数据的非排他性

曼尼和斯佩里指出，数据并不是有限的资源，一个企业获得的数据并不排斥其他企业的获取，即数据具有非排他性。韦尔福德则认为，由于信息所具有的普遍存在性以及非排他性特点，企业基于使用数据而获得实质性的市场力量这一论断是难以令人信服的。兰布雷希特认为，某项要素要构成市场进入障碍，需要该要素是独特的、稀有的、有价值的和不可替代的，而大量数据可以普遍获得，尤其是在互联网时代，消费者需求、偏好信息的踪迹随处可寻，大数据本身结构的松散、内容的过时性以及企业对大数据分析能力的不足，限制了大数据作用的发挥。

格鲁内斯和施图克认为，数据驱动型在线产业的市场进入障碍，并不必然会很低。各

行业的市场进入障碍不同，但对于市场进入障碍低的行业，大数据带来的规模效应会提高市场进入门槛。在大数据催生的新型商业模式下，企业往往采取数据驱动型战略来获得并维持竞争优势。既然收集的数据是通过免费服务来获得的，企业有动机限制竞争对手获得、分享这些数据，如限制数据的可迁移性以及平台之间的互操作性。英格拉夫也指出，尽管一家在位企业不能阻止潜在竞争对手或者新的市场进入者获得类似的客观信息，如用户的年龄、性别、职业以及所处地域等，但与那些领先的搜索引擎、社交网络或电子商务平台提供者进行有效竞争所需的特定数据可能就不会那么容易获得。

2. 获取数据的成本

竞争对手获取数据的成本，对于数据的可获得性有着很大的影响。依据法德报告，一方面，为了收集数据，企业可能需要进行相应投资，有时是大额投资。大型数据中心的出现和发展表明，为收集和开发大规模数据所需投资的固定成本很高。这一成本负担可能让小企业和新的市场进入者难以充分获得市场上的领先企业拥有的相同规模或种类的数据。另一方面，数据经常是在用户使用产品或者服务时收集的，为了直接获得该类数据，新的市场进入者可能需要建造能够向大量用户提供相同或类似服务的平台，这也需要大量投资。

3. 数据拥有者对数据的保护

企业会基于法定要求或商业目的，通过一些措施对其获取的数据实施保护，这些措施会在一定程度上降低数据的可获得性。英格拉夫认为，在线平台供应商为了确保对数据的独享，可能基于商业秘密保护阻止其他企业获得其保密性用户信息，或者通过其他知识产权措施来保护这些数据。

尽管拥有知识产权并不等于在特定市场中拥有市场支配地位，但特定企业基于知识产权法去保护其数据，可以帮助该企业利用知识产权去排斥特定的数据被竞争对手获得，使其处于不利地位，或阻止新的市场进入。

4. 从第三方获取数据的可行性

大数据拥有者的竞争对手有可能通过第三方数据中间商获得相关数据。法德报告指出，为第三方收集、储存和分析数据的数据中间商近年发展很快，如美国的 Acxiom、Datalogix 以及 Experian 等公司。数据中间商可以从不同渠道收集数据，如通过自己的数据收集技术收集数据，与网页主协调后实施跟踪技术（如 cookies 技术）收集数据，从公共信息（如社交网络上可获得的信息等）获取数据，从公共机构和第三方公司（网页、银行、线上商店以及其他数据中间商）那里获取数据。由于数据收集带来的固定成本可以被多家企业分担，通过中间商获取数据往往可以节省成本。

此外，数据中间商提供的服务多种多样，还包括数据分析，这也可能降低数据利用的相关费用。不过，法德报告也指出，通过第三方数据中间商获取数据，也存在一些缺陷。例如，通过数据中间商得到的数据规模与种类比较有限。此外，收集数据的企业要与第三方分享有价值的数据，可能面临法律方面的障碍或者合同条款的限制。特别是收集个人数据时，收集者一般向用户保证他们的个人数据不会不经他们的同意就披露给第三方。许多国家的隐私保护规则都严格限制商业目的的个人数据交换。

（二）数据收集的范围与规模要求

在数据驱动型的商业模式中，如果数据收集的范围与规模要求很高，这意味着数据拥有者的竞争对手收集数据的压力也就更大，即竞争对手只有在数据收集的范围与规模达到一定的程度，才能对数据拥有者基于数据的市场力量形成有效的约束。

如前所述，大数据的特点之一是海量，数据的范围与规模之大，是大数据的基本特点。但大数据这一特点能否成为数据拥有者的竞争对手面临的重大障碍，理论界则存在争议。例如，曼尼和斯佩里指出，数据对企业的价值并不在于数据的量，而在于数据如何被使用。韦尔福德则认为，在位企业获得大量的数据并不意味着新进入的企业必须获得相同数量或类型的数据才能进入市场与之进行了有效的竞争。阿希姆万巴赫认为，从数据中提取信息的能力并不完全依赖于可用的数据的量，还要基于分析数据的具体算法。法德报告也指出，数据相关市场上的企业之间的服务质量或竞争力存在差异，这并不能完全归因于不同企业所收集的数据在数量上的大小之别。

（三）数据可替代性

即使竞争对手无法获得相关数据，如果存在大数据的替代性要素供竞争对手选择，则大数据对数据拥有者的市场力量便产生不了多大的促进作用。

凯瑟琳指出，大数据并非不可替代，企业可以通过创新或更好的价值定位满足潜在消费者未来的需求，分享经济模式的出现也使得大数据并非必要。法德报告指出，要考虑不同类型之间的数据是否具有可替代性，在数据成为原料的情况下，如果某一类型的数据可以被另一类能够经济、便捷地获得的数据所替代，那么某种封锁原料（数据）的行为也就无法产生反竞争效果。

四、数据拥有者的客户及最终消费者的反应

对于采用数据驱动型商业模式的企业而言，可以分析客户及最终消费者面对企业基于其拥有的大数据所提供的产品或服务时的反应，也可以间接观察大数据对这类企业市场力量的影响。客户及最终消费者转向其他供应商的难度或转换成本的高低，对于判断数据拥有者的市场力量，以及大数据对企业市场力量的影响力度，具有一定的参考价值。目前各国出现的数据驱动型商业模式主要发生在互联网行业。曼尼和斯佩里认为，互联网行业不断有竞争者出现，说明市场进入门槛并不高，且消费者转向其他供应商的转换成本很低。互联网行业，网络效应是否会增加用户的转换成本进而锁定用户，这是一个有争议的问题。丹尼尔·索科尔和科默福德指出，虽然在社交网络平台上网络效应十分显著，但是因为转换很容易，所以曾经的巨头 My Space 才会被 Facebook 取代。网络效应还会受到价格结构

的影响，由于在主流的平台上发布广告，会出现广告泛滥的情况，并且更多的点击率意味更高的成本，所以从成本上考虑，广告商可能会选择在多家小平台而不是一家大平台上发布广告。另外，如果一个搜索引擎上广告太多，用户可能不会选择该搜索引擎。

因此，网络效应可能被过分地夸大。在分析大数据拥有者的客户及最终消费者的反应时，多归属（Multi-homing）问题值得关注。如果消费者从多个供应商那里获取同一类服务，这种情形被称为多归属。多归属被认为是一种可能削弱企业市场力量的因素。依据法德报告，由于各种转换成本（网络效应、学习成本等）的存在，某种服务的每一位用户都实施多归属这一完美的多归属情形实际上非常罕见。特别是，数据收集可能提升转换成本，因为用户最常使用的供应商往往拥有更多的用户信息，并可以更好地为这些客户提供定制化服务。

在进行个案分析时，有必要考虑双边市场一边的多归属与双边市场另一边的单归属之间的相互作用。该报告还指出，大家一般认为，向最终用户提供免费服务的市场最有可能是多归属的。但是，这一说法并不严谨。转换成本的存在会阻碍消费者均衡地使用不同的服务供应商。当服务是免费的时候，消费者会更多地注重质量，因为这种情形下质量是不同服务平台之间进行竞争的唯一维度。

然而，在以网络经济和经验效应为特征的市场上，新的市场进入者可能无法像已在市场运营的在先企业那样提供高质量的服务。

第三节　大智移云时代战略决策的优化

我国正在加速融入经济全球化的进程，国际、国内市场环境日趋变幻莫测，需求不确定性大大增强，产品寿命周期缩短，企业之间的竞争进一步加剧。这种管理环境的变化迫使企业高层管理者要制定正确的战略决策，以应对当前商业环境的日益复杂。

战略决策是战略管理中极为重要的环节，它决定着企业的经营成败，关系到企业的生存和发展。在动态、不确定的环境下快速制定正确的战略决策，确保企业获取竞争优势，仅凭决策者的学识、经验、直觉、判断力、个人偏好等主观行为是远远不够的，还要依赖大量来自企业外部的数据资源。

数据是所有管理决策的基础，基于数据的决策分析能实现对客户的深入了解和企业竞争力的提升。正如杜拉克所言，当今世界已经进入全面知识管理时代，信息量的急剧增加，使得企业战略过程日益复杂，不确定性环境下的战略决策成为企业必须关注的问题。在此背景下，传统的战略决策依据的方法和手段，已不能完全适应当前知识经济时代的挑战和要求，而新兴的"大数据"（Big Data）的产生为企业战略决策提供了新的选择。

一、大智移云能提供企业战略决策的丰富数据源

传统的决策因为数据稀缺，依赖于决策者的经验，而大数据可以保证从问题出发而不用担心数据缺失或者数据获取困难。进入21世纪以来，随着互联网技术和通信技术的发展，传感设备、移动终端等接入到互联网络中，各种传感数据、物联数据、统计数据、交易数据从各行各业源源不断地快速生成，在网络中传输的各种图片、声音、文字以及这背后用户的习惯和轨迹形成了互联网上的海量数据资源，这为管理者进行决策分析和制定决策方案提供了丰富的数据来源。

大智移云时代，企业的战略需求也发生了重大转变，关注的重点转向数据及基于数据的价值分析。如今，随着云计算、物联网迅速普及，各企业增强了对于数据资产的保存和利用意识，以及通过物联网、大数据对产业进行变革的意愿，企业通过收集、分析大量内部和外部的数据，获取有价值的信息，通过挖掘这些信息，企业可以预测市场需求，进行智能化决策分析，从而制定更加行之有效的战略。

二、大智移云能提高企业战略决策的质量

企业经营的成败首先取决于战略决策的正确与否，而决策的正确与否则取决于数据和信息的质量。正确的数据与信息能减少决策的很多不确定性因素。近年来企业管理的性质和外在环境都发生了巨大的变化，企业组织机构更加庞大，管理功能更加复杂。企业之间的联系越来越紧密，企业间的边界越来越模糊，企业的人力、财力、物力资源必须在全球范围内重新组合和优化配置。另外，消费者需求个性化、差异化、异质化特征变化明显，影响决策的因素更加复杂和多样化。

决策者需要根据多个影响因素和相互间的关系进行决策，其难度越来越大，单凭其洞察力、智慧、知识和经验等为基础的传统决策方法已远远不能满足日益复杂的管理决策的需要，这将导致战略定位不准，存在很大风险。因此，现实管理的实践要求决策要走向科学化，要将定性决策与定量决策相结合，而大智移云技术的发展为它提供了实现的可能性。

大智移云时代，企业对数据的依赖性有增无减，以数据为基础的定量分析方法逐渐取代以经验、直觉等为基础的定性分析方法。基于大智移云的分析需要多种技术的协同，大智移云的真正优势是对海量数据的自动化的、智能化的收集、统计和分析。基于大智移云的分析报告更加全面、客观和直观，大智移云也正在成为一种新的调研方式，以辅助管理者进行企业战略决策。

三、大智移云能提升战略决策者的洞察力

大智移云时代，数据逐渐成为企业最重要的资产之一。企业越来越依赖于数据分析做

出决策,而不是凭借经验和直觉,企业必须快速从积累的业务数据以及无处不在的网络信息中获得洞察市场和客户的能力。例如,著名电子商务公司亚马逊就是基于对大量的客户数据挖掘分析的基础上来制定营销策略的。当客户在亚马逊网上书店购买图书以后,其销售系统会自动记录下该客户购买和浏览过的书目。当该客户再次进入该书店,系统识别出他的身份后,就会查询该客户购买和浏览的记录、分析其经常购买的书的类别、推测该客户的图书喜好,最后在该客户打开的网页界面推荐目前该店可以满足客户喜好的图书。当客户购买行为发生后,该系统再次记录该客户购书的类别,以指导下次推荐书目,如此循环往复。这样,客户去亚马逊网上书店的次数越多,系统对该客户的了解也就越多,也就能更好地为该客户服务。企业可以通过分析积累的超大规模数据,利用大数据技术精准地掌握每位消费者不同的兴趣、偏好,从而设计出高度精准、绩效可高度定量化的营销策略,并提供其个性化、差异化的产品或服务。这将极大地提高战略决策者对顾客的洞察力和对市场的快速反应能力。

第四节 大智移云影响下的企业战略决策

大智移云改变了当代社会人们的生活习惯,也给人们的工作模式带来了巨大变化。这种变化不仅仅涉及企业管理决策环境数据以及人员,更多还会对管理决策模式产生重大影响,改变过去的经验所带来的巨大误差,使得决策变得更加公平、合理、科学、有效,从而为企业发展提供重要保证。

在当今的互联网技术高速发展中,各行各业与网络技术支撑不可分割,大智移云技术的产生使得企业也逐步进入大智移云时代,因此,时代背景的发展使企业在大量数据和应变数据收集的基础上,分析其能力,能够在挑战中完成任务,大智移云相关的数据库管理系统可以帮助企业获得有效的决策资源,这使企业能够科学有效地改进方法,提高企业的组织绩效,加大了其行业内的竞争力度。

决策理论学派认为,决策是管理的核心,它贯穿于管理的全过程。企业决策是企业为达到一定目的而进行的有意识、有选择的活动。在一定的人、财、物和时间因素的制约下,企业为了实现特定目标,可从多种可供选择的策略中做出决断,以求得最优或较好效果的过程就是决策过程。决策科学先驱西蒙教授认为,决策问题的类型有结构化决策、非结构化决策和半结构化决策。结构化决策问题相对比较简单、直接,其决策过程和决策方法有固定的规律可以遵循,能用明确的语言和模型加以描述,并可依据一定的通用模型和决策规则实现其决策过程的基本自动化,这类决策问题一般面向基层管理者。

非结构化决策问题指那些决策过程复杂,其决策过程和决策方法没有固定的规律可以遵循,没有固定的决策规则和通用模型可依,决策者的主观行为(见识、经验、判断力、心智模式等）对各阶段的决策效果有相当大的影响，往往是决策者根据掌握的情况和数据临时做出决定。

半结构化决策问题介于上述两者之间。而战略决策问题大多是解决非结构化决策问题，主要面向高层管理者。

一、大智移云对企业战略决策的影响

（一）大智移云时代下管理决策参与者角色发生转变

决策参与者和与之相关的决策者在当前社会发展的大智移云时代，它仍然是整个企业整体规划者和决策者未来发展的方向。以前基于直觉判断的技术存在，开始过度为客观、准确的数据分析。大智移云在一定程度上反映了问题形成的具体原因，从而使数据对应，保证了数据的整体性和客观性，提示企业管理决策者可以使用数据资源反映问题，使问题得到解决。对企业基层员工或管理者来说，大智移云可以帮助他们掌握执行决策所需的所有信息，为其提供方便，大大提高企业的决策水平。

大智移云能提升战略决策者的洞察力。大智移云时代，数据逐渐成为企业最重要的资产之一。企业决策越来越依赖于数据分析，而不凭借经验和直觉，企业亟须快速从积累的业务数据以及无处不在的网络信息中获得洞察市场和客户的能力。2010年上半年，著名网络交易平台淘宝网开始推出"数据魔方"服务，"数据魔方"是由淘宝平台的交易、用户、商品三大体系数据形成的，强调按照买家习惯去研究数据，并形成分析报告。

从"数据魔方"服务页面上可以看到，淘宝网上亿用户产生的交易原始数据可以对某项产品的交易趋势、卖家和买家的信用情况、交易时段、重复购买率、关联销售、销售品类占比等具体交易数据进行统计分析，而淘宝卖家也开始通过"数据魔方"进行参考决策：对于中小卖家来说，可以用"数据魔方"来优化流量，对于高端卖家主要是研究数据来优化品牌定位，优化产品对买家的柔性化策略。

（二）大智移云对管理决策体系的影响

决策制度分为两部分，也就是决策和决策过程。传统企业决策往往是基于企业内部信息系统数据和员工填写日报表数据，数据不全面，这些数据使企业管理决策会有片面性，往往只能反映企业运营管理和财务管理。移动互联网的发展在很大程度上加快了大智移云的发展，在移动互联网的基础上，企业可以轻松收集和记录其他企业的各种动态信息，如价格浮动信息，市场绩效评价信息，消费者以这些具体信息为决策依据，可靠性强，可以使企业更灵活地应对市场变化。利用大智移云收集信息，企业可以更清晰地了解自身的发展方向、市场需求和市场风险，及时提高企业核心竞争力。企业经营的成败首先取决于战略决策的正确与否，而决策的正确与否则取决于数据和信息的质量。正确的数据与信息能减少决策的很多不确定性因素。

大智移云时代的来临，企业界对数据的依赖性有增无减，以数据为基础的定量分析方法逐渐取代以经验、直觉等为基础的定性分析方法。"数据驱动决策"是大智移云下决策的显著特点，研究表明，越是以数据驱动决策的企业，其财务和运营业绩越好。大智移云改变了决策者长期以来依靠经验、理论和思想进行决策的方式，直觉判断让位于精准的数据分析，让决策重心回到了所要解决的问题本身。

大智移云不仅包括大规模的体量、多样化种类的数据集，还包括对这种数据集进行高速采集、处理与分析以提取价值的技术架构与技术过程，因此，基于大智移云的分析需要多种技术的协同，如云计算、可视化、物联网、数据挖掘、Hadoop等技术。

因此，大智移云的真正优势是对海量数据的自动化的、智能化的收集、统计和分析，基于大智移云的分析报告更加全局、客观和直观，大智移云也正在成为一种新的调研方式，以辅助管理者进行企业战略决策。

（三）大智移云对管理决策数据的影响

企业战略管理层的决策内容是确定和调整企业目标以及制定关于获取、使用各种资源的政策等。这些非结构化决策问题不仅数量多，而且复杂程度高、难度大，直接影响到企业的兴衰成败，这就要求战略决策者必须拥有大量的来自企业外部的数据资源。

因此，在企业决策目标的制定过程中，决策者自始至终都需要进行数据、信息的收集工作。而大智移云为战略决策者提供了海量和超大规模数据。传统的决策因为数据稀缺，依赖于决策者的经验，而大智移云可以保证从问题出发而不用担心数据缺失或者数据获取困难。进入21世纪以来，随着互联网技术和通信技术的发展，一些传感设备、移动终端等接入到互联网络中，各种传感数据、物联数据、统计数据、交易数据从各行各业源源不断地快速生成。

在大智移云时代，企业通过收集、分析大量内部和外部的数据，获取有价值的信息，通过挖掘这些信息，企业可以预测市场需求，进行智能化决策分析，从而制定更加行之有效的战略。

首先，根据数据内容的多样性特点，大智移云建立完整的解决方案，筛选、提取和整合数据使其形成一个完整的系统，从多个过程保证数据处理的质量和可靠性。其次，根据数据的需求来确定不同层次的重要内容，积极发挥核心内容的实时处理机制。最后，仍然需要关注数据之间的相关性的特点，提高数据挖掘的可靠性，发挥大智移云的具体价值。另外，还结合知识内容的管理特点和数据管理以及知识管理有效整合，通过开发协调二者，提高企业数据挖掘，促进企业发展模式更新，提高企业的综合竞争力。

（四）大智移云对管理决策文化的影响

决策文化即不同文化角色在企业的管理决策中，选择差异的决定。在企业决策文化中，文化角色将影响决策目标、决策方案的决策设计和决策。传统企业管理决策往往是以对内外部环境的评价为基础的,具有很强的主观性,有一定的风险。在网络时代的背景下,大智移云在企业管理决策的应用中提高了预测精度,企业决策文化有助于企业形成决策风险小的决策。

二、对策研究

(一)构建企业级大智移云集成系统

企业管理决策,由于大量的信息和变化因素等情况可能有一定的复杂性。因此,要建立一套大型企业数据集成系统,使用云计算的形式使用大智移云技术,使其能够有效地分析信息的价值,从而帮助企业更好地适应不断变化的信息环境。

由于企业之间的规模和层次的不同,企业应该根据自己的不同规格来建立企业数据集成系统,这个系统应该具有全面性、实用性和延展性,可以帮助企业实现不同层次平衡开发,此外,数据集成系统可用于用户信息反馈,更好地了解市场的主要需求。

(二)组织企业内部的大智移云技术团队

大智移云背景下的数据主要是原始数据,不能直接使用,如果要善用这些数据,就要构建大智移云平台。企业数据管理系统在企业内部是一个技术团队,原始数据用于识别,管理和解释。在招聘人才时,企业可能偏向招聘数据处理人才,大智移云将企业和数据处理人才聚集在一起,从而提高了企业的竞争优势。

(三)营造大智移云导向的企业文化氛围

大智移云和新技术的使用必然会引起企业文化的变化,在企业文化中利用大智移云来更新传统文化,帮助员工形成使用数据做出决策的习惯,构建学习型企业文化,使企业员工具有基本的数据分析和处理能力,通过建立完善的激励机制,鼓励员工持续学习,分析数据,同时增加同事之间的沟通,形成共享环境,加快企业发展。

大智移云为企业战略决策提供了新的思路与途径,它不再是雾里看花,纸上谈兵。然而,大智移云在发展与应用方面还应注意以下问题。一是企业现有的数据处理方法大多数适用于结构化数据处理,但企业现有数据中有85%以非结构化或半结构化的形式存在,大量的非结构化和半结构化数据的处理对企业本身技术方面是个巨大挑战,企业只有具有有效地搜集、处理和分析这些数据的能力,才能将这些数据"据为己有",为"我"所用,因此,后期还需投入精力进行大智移云技术的研发工作。二是大多数中小企业认为大智移云是亚马逊、谷歌、微软、百度、阿里巴巴、联想等大公司或是网络公司才关心的技术。对于大智移云认识的不足,忽视或者反应迟钝的企业将会失去提高其竞争力的机会或是处于落后被动的地位,中小企业应该认识到大智移云不只是巨头们的游戏,中小企业也应该抓住机遇,探索大智移云应用新模式,创造新价值。三是大量决策活动的实践也表明,尽管定量的数学方法和智能化技术能够比人脑更高速地进行逻辑推理、分析、归纳、综合和论证，但是它决不能代替人的创造性思维。正如有些学者所言，决策者在决策时承受着更加复杂任务所带来的压力，单纯依靠决策者主观行为的决策无法应对复杂的环境，但单纯依靠数据的决策也会偏离实际。

因此，大智移云下的决策应将基于数据的决策和基于经验与直觉的决策结合起来，以避免"唯数据论"。另外，企业的海量数据中包括客户数据、内部数据、业务数据、经营状况数据及个人信息等，在网络化环境下，企业基于大智移云的分析如何保证系统中数据不被窃取或破坏，解决消费者个人隐私、企业商业秘密等安全问题对于企业来说也是一道技术和管理难题，因其影响巨大，企业管理者必须寻求解决方案。

总之，大智移云下的企业战略决策不仅是一门技术，更是一种全新的商业模式。当前，关于大智移云的研究和应用才刚刚起步，大智移云的充分利用还有很长的路要走。只有认识到大智移云对企业战略决策的影响和重要性，并顺势而为，才能提高企业在大智移云下的数据搜集、处理和利用能力，并挖掘大智移云蕴含的知识与潜在商业价值，进而提升企业战略决策能力和组织绩效，使企业能够在激烈的市场竞争环境中获得长足的进步和长远的发展。

第四章 大数据背景下的财务创新

第一节 基于大数据的财务理念创新

一、大数据在财务决策应用中存在的问题

(一)数据来源方面

要在财务决策中真正实现大数据技术的应用,必须大量收集企业及其相关部门各种财务和非财务数据。企业运营涉及工商、税务、财政、银行、会计师事务所和交易所等多个利益相关者,数据来源众多、渠道较多,需要一个长期的数据收集过程。同时,多方面数据来源易导致数据格式不一致,如 Excel 和 Origin 等数据软件都有自己的规定格式,难以兼容。这些问题将导致数据来源不足,使得分析结果存在误差,影响企业管理者及时准确地做出财务决策。因此,企业必须构建完整的数据源管理系统,建立相应的保障机制,保证企业数据收集工作能够长期持续地进行。

(二)数据处理方面

数据处理是对原始的结构化、半结构化和非结构化数据进行分析、运算、编辑和整理的过程。目前最先进的大数据处理软件主要有 Hadoop、HPCC、Storm、Apache Drill、Rapid Miner 和 Pentaho BI 等。这些大多是分布式处理软件,对结构化数据的收集计算已经比较成熟,但对半结构化、非结构化数据的处理还存在一定的缺陷,无法将大量的非结构化数据与结构化数据进行有效的统一和整合。而目前企业财务决策对于非财务数据表现出更强的依赖性,因此,如何有效处理半结构化和非结构化数据是大数据在财务决策应用过程中要解决的重要问题。

(三)数据分析方面

数据分析是从众多复杂的财务数据和非财务数据中发现有价值的信息,通过提炼、对比等发现数据的内在联系,对未来数据变化进行分析、预测的过程。企业目前主要使用 ODS、DM/DW、CEP 等技术进行数据分析,非专业操作人员一般利用 OLAP 进行查

询操作。然而，由于数据量的急剧增多和数据类型的复杂性，关系数据库已经无法满足需求，企业需要使用多维数据库来提高数据处理速度，促进自身业务发展。因此，如何建立满足企业财务决策需求的多维数据库以及相关维度的合理设定是当前大数据技术应用过程中亟待完善的问题。

二、大智移云时代下的财务决策的新思维

大数据下的财务决策是基于云计算平台，将通过互联网、物联网、移动互联网、社会化网络采集到的企业及其相关数据部门的各类数据，经过大数据处理和操作数据仓储（ODS）、联机分析处理（OLAP）、数据挖掘/数据仓库（DM/DW）等数据分析后，得到以企业为核心的相关数据部门的偏好信息，通过高级分析、商业智能、可视发现等决策处理后，为企业的成本费用、筹资、投资、资金管理等财务决策提供支撑。在大数据时代背景下，财务决策需要新思维的产生。

1. 重新审视决策思路和环境

财务决策参与者及相关决策者在大数据背景下依然是企业发展方向的制定者。但是大数据的思想颠覆了传统的依赖于企业管理者的经验和相关理论进行企业决策的模式，拥有数据的规模、活性以及收集、分析、利用数据的能力，将决定企业的核心竞争力。而以前企业的经营分析只局限在简单业务、历史数据的分析基础上，缺乏对客户需求的变化、业务流程的更新等方面的深入分析，导致战略与决策定位不准，使企业存在很大风险。在大智移云时代，企业通过收集和分析大量内部和外部的数据，获取有价值的信息。通过挖掘这些信息，可以预测市场需求，最终企业将信息转为洞察，从而进行更加智能化的决策分析和判断。

2. 基于数据的服务导向理念

企业生产运作的标准是敏锐快捷地制造产品、提供服务，保证各环节高效运作，使企业成为有机整体，实现更好发展。企业不断搜集内外部数据，以提高对数据的分析与应用能力，将数据转化为精炼信息，并由企业前台传给后台，由后台利用海量数据中蕴藏的信息分析决策。数据在企业前台与后台间、企业横向各部门间、纵向各层级间传输，使得企业运作的各个环节紧紧围绕最具时代价值的信息与决策展开。同样，大数据使得全体员工可以通过移动设备随时随地查阅所需信息，减少了部门之间的信息不对称，使企业生产运作紧跟时代步伐，在变化中发展壮大。企业可在社会化媒体中发掘消费者的真正需求，在大数据中挖掘员工和社会公众的创造性。

3. 采用实时数据以减少决策风险

多源异质化的海量数据来源打破了以往会计信息来源单一、估量计算不准确的情况，使企业能够实时地掌握准确的市场情报，获得准确的投资性房地产、交易性金融资产等公

允价值信息。同时,云会计对数据信息具有强大的获取与处理能力,且一直处于不断更新的状态。通过对市场信息的实时监控,可及时更新数据信息,从而保证会计信息的可靠性和及时性,有效避免由于信息不畅造成的资金损失。JCPenney 公司是一家服装公司,该公司采用大数据分析工具,实现了对企业内部流程的全面提升,包括全面实现价格优化和流程管理、灵活实现即时分析计算、缩短工作周期时间、提高数据质量和预算业务流程的效率,并利用数据分析工具灵活调整动态预测信息,将组织货源、定价优化以及供应链等环节整合在一起。这种方法使公司的毛利增加了五个百分点、库存周转率提高了 10%,连续四年实现了经营收入和可比商店销售额的增长,公司的经营利润也实现了两位数的增长。

第二节 基于大数据的业财融合

一、大智移云对财务管理的影响

大数据的"4V"特点对社会有着极大的影响,并且也使得社会做出了深刻的变革,财务管理也随之发生一定的改变,财务管理利用大数据的特点找到了自身新的创新驱动力。大智移云时代来临时,财务管理不再仅仅局限于财务自身领域的一隅之地,而是可以渗透到各个不同的领域,其中包括了研发、生产、人力资源、销售等不同的领域,可以说大智移云时代的来临使财务管理的影响力扩大且作用范围也在不断增加。财务部门从原本的单纯的财务管理活动向数据的收集整理、处理分析方向转变,在未来财务部门的最大任务可能不再是对金钱和资产的单纯管理,而是向着对于各类与财务有关的信息分析的方向发展。具体而言,大数据对财务管理的影响主要体现在以下四个方面。

(一)大智移云使财务信息的处理难度增大

大智移云时代的来临使得各种信息以爆炸式的速度发展,并且信息的边界正在逐渐模糊,使得许多原本不属于财务信息但是的确会对财务造成一定影响的信息逐渐转化为财务信息,这就使得财务信息的数量变得更为庞大,并且种类也变得更加多样。因此以财务信息为工作基础的财务管理工作变得相对困难起来,面对如此庞大且多样化的财务信息,财务信息的处理平台需要扩大,并且其所涉猎的范围也必须增加。

(二)大智移云使得财务管理的广度与深度发生改变

在大智移云时代下财务管理的管理范围被极大地扩大,除了原来的管理范围之外还管理着很多非财务数据,包括销售信息、研发信息以及人力资源信息。这仅仅是财务管理的广度发生的变化,而在深度方面也发生着变化,其原本只是对大量的结构性信息进行管理,而在大智移云时代下,财务管理还必须对一些非结构性信息进行处理与分析,并且因为大智移云时代的信息质量较高，所以对财务管理分析的精准性要求也变得越来越高。

（三）大智移云使得财务管理的效率得以提升

在大智移云时代下，由于其财务信息收集的便利性和大数据对于财务数据分析的精准性，使得财务管理的效率得到了显著的提高，很多以往可能需要很久才能够收集并分析出的财务管理论证结果，在大智移云时代下可能仅仅需要几个小时，这种几何倍的效率提升是有目共睹的。

（四）大智移云使得财务管理的风险控制能力得以增强

在大智移云时代的背景下企业在做重大决定时，可以通过对相关数据进行深度挖掘从而减少一些常识性错误以及可预估性错误的发生，从而使企业发生系统性财务风险的概率大大降低，并且由于大数据的存在也可以让企业对未来的预测变得更加精准。

二、大智移云时代下的无边界融合式财务管理

（一）无边界融合式财务管理的含义

随着信息技术的进步和管理理念的发展，企业的内外部边界在不断扩展，财务管理的内涵和外延也在不断扩大。大智移云时代，企业的所有部门都必须根据新环境的变化做出调整甚至变革，财务管理也不例外，将体现出多部门、多领域、多学科融合的特点。

企业根据产品和市场不同细分为多个业务单元，决策者如何有效地进行资源配置，很难通过经验来判断，最终还要依赖于数据分析。大数据是根据大量真实的最新业务数据进行计算预测，在加工处理信息上利用独特优势，能够有效进行数据挖掘，帮助企业根据自身需求定制财务决策支持系统，为企业进行科学合理的决策提供建议。借助大数据实现财务信息与非财务信息的融合后，财务决策过程将更加科学合理，避免了单纯依靠财务信息决策带来的不可控风险。此外，大数据的便捷性也使得财务信息的提取更加智能化，充分挖掘潜在信息辅助决策，将资源更好地配置在优势增长领域，以提高财务处理效率。

无边界管理理念最早由通用电气原首席执行官杰克·韦尔奇提出，该理论并不是指企业真的没有边界，而是强调组织各种边界的有机性和渗透性，以谋求企业对外部环境的改变能够做出敏捷并具有创造力的反应。无边界融合式财务管理是以企业战略为先导，强调财务以一种无边界的主动管理意识，突破现有工作框架和模式，在价值链的各个环节进行财务理念的沟通与传导，形成财务与其他各个部门的融合，促进企业整体价值可持续增长的财务管理模式。无边界融合式财务管理通过将财务理念渗透到生产经营的各个环节，使信息沟通能打破部门和专业的壁垒，提高整个组织信息传递、扩散和渗透的能力，实现企业资源的最优化配置及价值的最大化创造。

（二）打破财务管理的边界

根据杰克·韦尔奇的描述，企业组织中主要存在垂直边界、水平边界、外部边界、地理边界四种类型的边界，这四种边界将对组织职能的实现造成阻碍。要实现无边界融合式财务管理，必须打破财务管理的这四种边界，然而需要注意的是，此处提到的打破并不是指消除所有边界，而是要推倒那些妨碍财务管理的藩篱，具体内容如下。

1. 打破财务管理的垂直边界

财务管理的垂直边界指组织内部严格的管理层次。传统的财务管理组织架构普遍具有严格的内部等级制度，界定了不同的职责、职位和职权，容易造成信息传递失真和响应时间迟滞。无边界财务管理则要求突破僵化的定位，采用一种部门内部的团队模式，上下级之间彼此信任、相互尊重，力争最大限度地发挥所有成员的能力。此外，减少财务部门的管理层次、实现组织的扁平化管理、建立富有弹性的员工关系、营造创新的文化氛围等都是打破财务管理垂直边界的路径。

2. 打破财务管理的水平边界

财务管理的水平边界指财务部门与其他部门之间的分界线。现代企业的组织结构往往围绕专业来安排，如分成研发部、制造部、销售部、财务部、人力资源部等。在严格的水平边界下，由于每个职能部门有其特有的目标和方向，都在各自的领域内行使职责，久而久之各个职能部门可能会更多地考虑本部门的利益而忽视企业的整体目标，甚至会因为互相争夺资源而内耗不断。无边界模式下的财务管理则强调突破各个职能部门之间的边界，使财务部门与其他部门互通信息，实现企业价值链和财务链的同步。例如，构建不同部门间的工作团队、进行工作岗位轮换等都是对打破水平边界的有益尝试。

3. 打破财务管理的外部边界

自20世纪早期以来，价值链上的大多数企业都一直从独立、分割的角度看待自己的地位，企业间更多的是斗争而非合作。然而如今，战略联盟、合作伙伴以及合资经营的发展速度大大超过了以往任何时候，企业单凭自身的力量已经很难在市场中竞争。作为企业信息管理最重要的部门，财务管理不能只局限于企业内部分析，还要将财务管理的边界进行外部扩展，实现价值链上的财务整合。如将相关企业的信息变动纳入财务管理系统，为产业链上的供应商和客户提供财务培训等帮助，与合作伙伴共享信息、共担风险。

4. 打破财务管理的地理边界

随着企业规模的扩大和全球化进程的加快，企业各个分部的地理位置越来越分散，财务部门的分散也随之形成。而作为整体战略和节约成本的需要，要打破各个地区的财务边界，形成新的财务管理模式——财务共享服务，将企业各业务单位分散进行的某些重复性财务业务整合到共享服务中心进行处理，促使企业将有限的资源和精力专注于核心业务，创建和保持长期的竞争优势。

（三）无边界融合式财务管理的创新

1. 价值链财务管理理念

在价值链管理体系当中，一个应用价值链会计管理的企业其实处在一个核心区域，以自身为中心向左右与上下延伸，上可以延伸到企业的最初供应商，下则延伸到了最后总的企业客户，左延伸到了企业的事前决策，右延伸到了企业的事后评估。这种上下左右全范围的价值链理念会计管理会使得企业与价值链当中的企业共同获利实现一种双赢，而与此同时，也使得企业本身的事前决策与事后评估变得更加精准明确。在这里要说明的是，由于这种价值链理论的存在使得企业的营业目标发生了改变，原本企业的价值目标通常都是以利润最大化为前提的，而如今却变为了价值最大化，这一转变对于企业而言尤其是对于我国企业而言是极为重要的。它能使企业在进行各类决策时多考虑其价值而非其利润，使得企业的目光更加长远而非局限于一时。这种价值链理念使得财务管理的职权范围得到了空前的提升，其从通常的内部管理变为了一种可以直接影响到企业决策的管理活动。

2. 业财融合下的财务管理体系

实际上价值链财务管理理念本身就是一种促进业财融合的手段。业务和财务进行融合并非是单纯地将财务人员派遣到业务部门，而是一种结合业务知识与人才培养来重新塑造财务体系与财务流程的方法，这是一种对业务全流程进行财务管理的手段，这样的手段一方面可以降低财务风险的出现，另一方面企业在做决策时可以通过业财联动来获取相关的管理信息，从而做出更加精准的决策。总体来说，业财融合包括了业务流程的全面财务管理、公司决策的业财信息提供以及合理有效的绩效考核机制。

三、无边界融合式业财融合下的财务管理体系

业务和财务的融合不是简单地将财务人员分派到业务团队中，而需要以企业前期充分的信息化建设和人才培养为前提，在价值文化的指导下重塑财务流程，对业务全程进行财务管理，通过业财联动为管理层提供决策支撑，在合理有效的绩效考核体系下对业财团队进行监督和激励，使所有的活动都贯穿价值文化理念中，最终确保企业战略目标的实现。

（一）以价值文化为先导的目标融合

企业的财务管理目标经历了从利润最大化、股东价值最大化向企业价值最大化的演变。业财融合模式下，企业所有的管理活动仍要以价值最大化为目标，将战略管理与财务管理紧密结合，更加注重财务目标的高度和远度。财务文化作为财务管理的文化精髓，在管理实践中所显现的导向、凝聚、激励、约束、协调、教化等作用，是推动财务管理进步的强劲动力。在价值最大化目标下，财务文化也应凸显价值观念。因此企业要以价值文化为驱

动，在业务活动和财务活动中都以追求价值为目标实现融合，使业财融合对公司战略推进和业务发展的决策支持与服务功能得以充分发挥。

（二）以全业务流程业财联动为纲领的流程融合

业财融合最主要的特点就是将财务触角深入到公司经营的各个方面，因此需要重塑财务流程，实现全业务流程的业财联动，保证业务信息和财务信息的及时转化。在业务流程中，预算是一切活动的开始，预算与业务流程的融合使企业能够制定出更切实可靠的预算方案。收入是业务流程的核心，通过梳理各个业务环节所涉及的收入点并绘制收入风险图，能够监控收入全程，保障收入实现。成本管控与业务流程的融合则更能体现精益财务的思想，借助信息系统能够对成本发生点进行监控，并及时调整资源的分配。资产是一切经营活动的基础，资产管理与业务流程相结合使企业能够获取更详细准确的资产使用和需求状况。风险控制与业务流程的融合则更加满足了企业对全面风险管理的要求。从预算管理、收入保障、成本管控、资产管理、风险控制等多角度出发，全方位管理企业经营活动，为管理层提供决策支撑，成为企业财务价值管理和风险防御的有力保障。

1. 预算管理

业财融合下，企业应将预算管理建立在提升企业价值的基础上，建立基于价值链的全面预算管理体系。首先，要求以战略为导向，将具有长远性和综合性特征的战略目标层层分解，落实到具体的业务规划以及具体的责任中心和经营期间，使战略目标具有可操作性。其次，预算管理要紧紧围绕价值活动中的增值活动，寻找增值作业的关键驱动因素，将企业关键资源配置给增值作业。再次，预算管理不仅要覆盖价值链中的每个环节，更要体现不同活动之间的业务逻辑，强调业务驱动预算，从而实现预算的闭环管理。最后，预算管理要适合企业的经营环境和价值链上的各项活动的动态变化，并及时修正预算或业务活动，保证战略目标的顺利实现。

2. 收入保障

收入是企业价值实现的源泉，收入保障是围绕流程和数据进行监测、分析、控制、改进的一系列活动，找出业务流程、系统功能、组织架构等方面可能导致收入流失的风险点，并采取相应的改进控制措施，使收入流失最小化。业财融合下的收入保障更具现实意义，业财团队通过细化业务中的财务问题，开展业财风险诊断工作，挖掘公司收入链条里的"失血点"，通过持续优化业务管理流程与系统支撑能力，有效解决收入"失血"问题，最终防范收入流失、保障公司价值的实现。

3. 成本管控

近年来，诸多企业已逐步从以市场扩张与收入提升的成长期过渡到注重效益与创新发展的成熟期。为使企业持久保持核心竞争力，必须通过加强成本管理，贯彻实施低成本高效运营策略。业财融合下的成本管控凸显了精细化的特点，使成本管理贯穿于企业的各项业务活动和管理活动。在财务人员深入了解业务活动的业财融合过程中，能够对业务成本进行细化，迅速找到成本松弛点，进而对成本管控提出合理建议。此外，受益于业财融合的信息化建设，各级业务和财务部门依托成本分析共享平台，行动更加协同。

4. 资产管理

公司整体资产管理水平关系到公司资产的利用效率，对资产的有效管理是提升企业价值的重要方式，如提高固定资产管理效率能够增大企业的投入产出比，而对金融资产的管理更是能够使企业直接从金融市场上获利。在业财融合实践中，财务人员能够深入价值链的各个环节，了解到企业的资产状况，有利于提高资产使用效率，也能够为资产购置和资产投资提供建议。

5. 风险控制

在 COSO 发布的《企业风险管理框架》下，内部控制已经由合规型内控、管理型内控向价值型内控（全面风险管理）演变。业财融合不仅要求财务在发挥会计监督职能过程中与业务部门紧密协作，把发现的问题及时传递给业务部门整改，更要求业务和财务协同处理跨部门、跨地市的风险问题，有效推动风险问题的整改与解决。业财融合下的风险管理体系应以业财人员为风险管理主体，以价值异常变动为风险着眼点，以价值保障为风险管理目的。

（三）以决策支撑为核心的系统融合

企业的财务状况和经营成果直接反映了企业的经营管理状况，为企业未来规划提供决策依据。但是传统的财务管理体系存在诸多弊端，业财融合下的系统融合则强调通过企业信息系统建设实现决策支撑功能，通过业务数据化提升财务管理的重要性。在促进业财系统融合时，应通过全面梳理和优化现有财务和业务系统，支撑业务数据自动生成财务数据，使财务数据能够追溯到业务数据，实现业务财务数据顺畅流转及全面共享，为价值管理进行量化评估提供数据平台。

（四）以业财团队为保障的人才融合

业财融合的实施需要专业的业财团队来完成，团队中的业务人员需要具备相应水平的财务知识，财务人员要具有主动获取需求和深入分析并持续推动的能力、全面的财务知识、较强的宣讲技能和沟通技巧，并且要具备很好的主动思维能力和团队协作精神。为了打造优秀的业财团队，企业可通过举办各种技能培训、读书会、内部技能认证等方式来加强对人才的培养，从而保障业财融合工作的顺利进行。

（五）以绩效考核为激励的制度融合

业财融合下的制度融合强调建立合理有效的绩效考核制度，为业财团队的高效运作提供监督和激励作用。业财团队分别接受来自财务部门和业务部门的双向领导，因此也应受到这两个部门的双向考核,这种双向激励的政策有助于业务财务人员深入业务,真正从业务单位的角度思考问题,提供符合业务单位需求的财务支持。

综上所述,无边界融合式财务管理响应了大智移云时代对财务管理的要求,为财务管理创新提供了系统化的发展路径。基于此,企业需要不断优化和创新自己的财务管理体系,尝试打破部门和专业壁垒,推行业财融合等新模式,从目标、流程、系统、人才、制度等多维度完善体系,使财务管理全程参与企业经营的整个过程,为管理者提供多维度、精细化的财务支撑信息,从而增强企业价值创造能力。

第三节 基于大数据的财务决策

一、企业财务决策的基础

大数据影响着企业整个架构和企业的分析战略结果。其中,财务数据是大数据中影响企业战略决策的重要因素之一,所以企业在制定战略决策时必须考虑现有资产、负债的总量等财务数据。财务数据对市场营销管理影响很大,在考虑大数据分析的时候不仅仅要从公司的整体层面去考虑,还要参考财务报表情况,进而优化企业决策结果。大数据下的财务决策是基于云计算平台,将通过互联网、物联网、移动互联网、社会化网络采集到的企业及其相关数据部门的各类数据,经过大数据处理和操作数据仓储、联机分析处理、数据挖掘/数据仓库等数据分析后,得到以企业为核心的相关数据部门的偏好信息,通过高级分析、商业智能、可视发现等决策处理后,为企业的成本费用、筹资、投资、资金管理等财务决策提供支撑。

二、大数据在财务决策中的应用价值

(一)提供公允价值支持,提高会计信息质量

多源异质化的海量数据来源打破了以往会计信息来源单一、估量计算不准确的情况,使企业能够借助大数据实时掌握准确的市场情报,获得准确的投资性房地产、交易性金融资产等公允价值信息。同时,云会计对数据信息具有强大的获取与处理能力且一直处于不断更新状态,通过对市场信息的实时监控,可及时更新数据信息,从而保证会计信息的可靠性和及时性,有效避免由于信息不畅造成的资金损失。

(二)集成财务与非财务信息,提高财务决策效率

科学有效的财务决策往往需要财务与非财务信息相融合,这个过程过去一般依赖于管

理人员自身经验,故具有不确定性。而企业根据产品和市场不同细分为多个业务单元,决策者如何有效地进行资源配置,很难通过经验来判断,最终还要依赖于数据分析。大数据是根据大量真实的最新业务数据进行计算预测的,在加工处理信息上利用独特优势,能够有效进行数据挖掘,帮助企业根据自身需求定制财务决策支持系统,为企业提供科学合理的决策建议。借助大数据实现财务信息与非财务信息的融合后,财务决策过程将更加科学合理,避免了单纯依靠财务信息决策带来的不可控风险。此外,大数据的便捷性也使得财务信息的提取更加智能化,充分挖掘潜在信息辅助决策,将资源更好地配置在优势增长领域,提高财务处理效率。

(三)及时响应市场变化,实现预算动态管理

全面预算是对企业未来一定时期内生产经营活动进行计划安排,通常以过去数据为基础制定预算。然而,市场处于不断发展变化过程中,依赖企业自身历史经营数据构建的全面预算存在着很大的不确定性,最终通常流于形式,不能切实有效地执行。大数据能够帮助企业及时掌控企业目标市场中的用户、产品、价格、成本等信息,辅助企业高效实施全面预算管理,并根据市场变化及时调整预算,真正实现企业的个性化经营,提高对市场风险的应对能力。

(四)多渠道获取数据,实现精准成本核算

成本核算是对企业经营数据进行加工处理的过程,传统的成本核算通常发生在生产过程之后,会计人员将一定时期内生产经营的费用总额进行核算,根据产品生产情况对费用进行分配。借助大数据技术,企业能够从多渠道获取成本数据,根据对实际生产数据进行分析制定生产工艺流程标准及材料用量标准。工资明细、进销存单据和制造费用等结构化和非结构化数据能够在信息系统中实现实时共享,可使成本核算更加细致、精确,使企业便于进行更深入的品质成本分析和重点成本分析,实现精准成本核算。

三、大数据下的财务决策框架

大数据下的财务决策框架由数据来源、数据处理、数据分析和企业财务决策组成,自下向上构成一个完整的财务支撑体系。财务决策的数据源主要从企业、工商部门、税务部门、财政部门、会计师事务所、银行、交易所等数据部门获取。这些数据包括结构化、半结构化和非结构化三种数据类型。其中,结构化数据主要以数据库和XBRL文件的形式体现;半结构化数据主要由机器和社交媒体生成;非结构化数据主要包括文本、图像、音频和视频等。这些数据基于云计算平台,通过互联网、物联网、移动互联网和社会化网络等媒介进行采集。物联网将企业生产运营的各个环节联结成一个整体,采购、库存、生产制造等流程的数据信息通过云计算平台直接接入数据库。互联网、移动互联网和社会化网络通过云计算平台实时采集企业办公、销售和服务等流程中各种类型的数据信息,

并存储到分布式文件系统、非关系型数据库中，或者形成各种格式的文件。借助物联网、移动互联网等媒介实现财务和非财务数据的实时化收集，可以有效避免由于结算滞后和人工操作带来的会计信息失真，增强财务数据的可信性，提高财务决策的效率和效果。

数据处理层主要是采用Hadoop、HPCC、Storm、Apatch Drill、Rapid Miner、Pentaho BI等大数据处理软件，对从各个数据部门采集到的各种类型的海量数据进行过滤，获取有用的数据，并实现财务数据与非财务数据的融合。数据分析层主要是通过ODS、DM/DW、OLAP、复杂事件处理（CEP）等专业软件，对处理后的大数据进行数据分析和提取，形成以企业为中心，覆盖工商、税务、财政、会计师事务所、银行、交易所等相关数据部门的有价值的偏好信息。企业财务决策层主要是对各数据部门的偏好信息，借助文本分析和搜索、可视发现、高级分析、商业智能等决策支持工具，实现面向企业的生产、成本费用、收入、利润、定价、筹资、投资、资金管理、预算和股利分配等财务决策。

大数据下的财务决策除了有益于企业，还可为会计师事务所、工商部门和税务部门等数据部门提供业务支撑。基于云计算平台收集和处理数据，将运营数据保存在各个云端而不是企业自己的服务器上，这给会计师事务所的外部审计带来了方便，减少了企业临时篡改数据的可能性，使审计结果更加可靠。同时，企业在运营过程中产生的财务数据和非财务数据可实时接受工商和税务等政府部门的监管，从根本上避免了做假账和偷税漏税等违法行为的发生。

第四节 基于大数据的财务问题与对策

一、大数据下财务管理存在的问题及其原因分析

（一）财务管理观念陈旧

在大数据背景下，企业财务管理发生了部分变革，即财务管理的内容、目标与传统模式有所改变。财务管理活动从简单的核算职能向决策职能转变，即从存数据到用数据的转变。而大多数中小型企业的财务管理观念陈旧，财务人员被动执行经营者的命令，缺乏分析财务数据、获取高质量决策信息的能力。由此带来的问题有：现金的不足或闲置，大大降低企业的资本收益；生产连续性和稳定性较差，仅仅根据订单生产，在经营淡季出现停工的现象；资金回收困难，账面坏账损失较多。完成会计电算化只是大智移云时代下财务管理迈出的第一步，但很多企业认为这已经足够，且没有意识到财务管理信息化的重要地位。传统陈旧的财务管理观念在很大程度上阻碍了企业在大智移云时代下的发展。

（二）技术水平不高，缺少复合型人才

目前大数据已经成为国家发展的趋势，然而，我国大数据技术却存在水平不高，扩散不畅的问题，企业的财务管理信息化正面临着大智移云时代的技术瓶颈。一方面，我国缺乏原创技术，难以构建整个企业的IT构架，同时类似于开源社区的新兴组织发展落后，国内大型企业在财务管理中大数据的应用也无法向其他企业扩散；另一方面，基于大数据的财务管理软件发展不成熟，软件与企业情况不能良好匹配。这使得企业的财务管理活动不能与大数据进行完美对接。因此，财务管理信息化在技术上还需要更有力的支持。

根据基础性数据分析，我国数据分析人才缺口达1400万。在实际的财务管理活动中，很少有企业能够聘用高素质的数据分析人才，完成对财务数据的整理与分析，进而得到有助于决策的财务信息，导致高层管理人员往往只根据源自财务报表的经验分析来做出决策。所以，人才问题同样也是企业财务管理面对的严峻问题之一。

（三）财务管理信息共享性差，"信息孤岛"问题严重

在企业财务管理信息系统的建设中产生了众多"信息孤岛"，造成企业信息更新与业务流程不能良好对接，企业的数据开放程度严重滞后，笔者认为其原因有以下三点。首先，企业存在信息不对称、不共享的情况。企业的采购部门、物流部门、库存管理部门、生产部门、销售部门构成了企业的经营活动，各部门之间缺少沟通反馈、信息共享的现象，容易导致停工待料、生产与销售脱节、销售与材料采购不配比的恶性循环；财务管理部门独立于其他部门存在，不能及时掌握有关部门真实的财务状况。其次，我国大多数企业不具备自主开发信息化财务管理软件的能力，仅在原有软件基础上进行个性化设计，使软件很难与企业业务的各个环节完全融合。再者，新老系统之间的不兼容也会导致众多"信息孤岛"。

（四）财务管理信息安全存在隐患

大智移云时代，借助互联网，各个经营实体将组成数据大家庭，数据的生成、传播和利用具有快捷性和广泛性，财务管理工作也已成为开放式的经济管理活动，不再局限于企业内部。财务管理信息的内外互通，给信息安全带来隐患，计算机病毒、网络黑客都在威胁财务管理数据的安全。由于信息交流手段多种多样，传感器、社交网络、电子邮件、文档记录，其中不乏经营管理数据、客户信息、会计记录细节、预测决策信息，如果遭到泄露，会使企业遭受巨大损失。财务数据的安全管理，不仅是企业平稳发展的保障，也是建设和谐社会的基础。

（五）财务控制能力偏弱，风险意识差

财务控制指对企业的资金投入及收益过程和结果进行衡量与校正，以确保财务计划的实现。企业不能利用大数据带来的便利条件进行财务分析与决策，导致财务控制能力偏弱，企业风险意识差，财务分析工作不够全面。多数企业对于资金管理和使用存在盲目性，缺

少计划安排。例如，经营状况良好时，闲置大量资金不能充分利用；缺少营运资金时，不顾成本、不惜代价进行借贷；不重视各种资金形态的合理配置，在短期债务到期时，因为没有足够的货币资金用以偿还债务，只好"拆东墙补西墙"，甚至无力偿还，影响企业信用。目前企业投资活动存在盲目性，风险意识差没有充分的论证过程，很少考虑宏观经济环境变化和市场变化，常常凭借主观认识进行投资决策，造成资金回收困难，资金链断裂。

二、"大数据"背景下加强企业财务管理的对策

（一）建立与"大数据"概念相融合的财务管理观

这里要求财务管理人员将"大数据"概念融入财务管理观，以适应大智移云时代对财务管理的挑战。其一，正确认识到大智移云时代下转变传统财务管理观念的重要性，在激烈的竞争环境中，订单管理、客户信用评价、供应商信息、税务部门信息等与企业生产销售息息相关，这些重要信息均来自数据分析，因此可以说企业的生存与发展离不开大数据思想。其二，将大数据的理念与技术融入日常财务管理活动中，形成科学有效的管理方式，最大程度规避企业财务风险，防止短期行为，从动态平衡的角度追求企业长期的价值最大化，树立集人本、共赢、风险、信息、战略为一体的财务管理观念。

（二）建设企业信息系统架构

2015年11月3日发布的《中共中央关于制定国民经济和社会发展第十三个五年规划的建议》中，我国首次提出推行国家大数据战略，争取使大数据在制度、技术、观念等方面取得进一步发展。第一，企业可委托软件公司，招聘计算机技术人才并成立技术开发部，支持创新科研项目，通过硬件备份、冗余系统、负载均衡等可靠性技术，配合相关的软件技术提供的管理机制和控制手段，协同财务管理人员在数据服务层、应用服务层、信息发布层之上建设出能够满足企业财务管理需要的个性化系统（如财务云的应用），为财务管理信息化提供良好的客观条件。第二，建立一个与内部控制制度相结合的会计信息安全管理系统。

（三）提高财务管理人员的综合素质

在如今大数据的发展趋势下，数据的丰富多样性要求财务管理人员不仅是一个具备扎实财务处理能力的专业人士，同时应当具备管理会计知识与实践经验，可在短时间内通过对数据的加工分析出有价值的信息。熟悉企业的流程和业务，从企业的整个价值链角度谋求企业价值最大化，是大智移云时代下财务管理人员综合素质的发展目标。实现这一目标需要从以下三个方面做出努力：在客户与业务方面，需要财务人员对客户的资金流程进行再造，最大程度发挥财务的参谋作用，以实现产品、客户资源的最优配置；在战略方面，需要对财务管理进行创新，以价值提升为理念，运用产业价值链、商业模式等管理知识分

析,积极构建企业整体战略;在运营方面,需要财务人员集中管理财务,减少管理层级,增强企业管理力度。

(四)推进企业财务信息管理一体化

避免"信息孤岛"现象的有效途径是推进企业财务信息管理一体化。一体化的意义在于连接企业所有的价值链,包括基本活动和辅助活动。任何部门的日常活动都离不开资金的使用,财务信息管理一体化使企业能够多层次、全面地进行财务查询与反馈,而非人为地将各个部门的财务信息汇总,避免了财务漏洞的出现。建设大数据资源储备与共享体系,使财务管理能够及时有效地掌握连续、精准的企业运作信息,进行统一的财务核算、资源分配以及资本管理,实现财务资源的高效运转。同时,企业财务信息管理一体化建设,要求企业对资金进行统一高效的管理,这使得企业财务管理的内容、责任传递到各个具体的部门和人员中间,达到责任、权利、利益三者的平衡,有利于实现加强企业深化改革、优化财务管理人员结构、规范现代企业制度的国家宏观战略目标。

(五)防范财务管理信息安全隐患

互联网大智移云时代,经济生活的方方面面都离不开网络的支持,信息存储交换,数据处理分析,网络的安全问题是头等大事。没有安全的网络环境,就不会有健康的经济秩序和经济发展。相关部门要提高网络安全的技术水平,不断开发新的防范措施。企业应当提高网络安全意识,防范财务管理信息安全隐患;企业应当建立用户身份安全印证和访问控制机制,防止外部对数据系统的恶意攻击;企业应当开发以政府为主导、各服务商参与的财务管理信息系统,为其提供数据处理服务;建立以企业为单元的会计信息安全管理系统,保证大数据采集的安全和完整。

(六)加强财务控制能力,增强风险意识

市场经济竞争激烈,企业存在各种经营风险。企业要借助大数据和云计算手段,进行市场分析;利用财务杠杆的作用,加强财务控制能力,化解风险,保持稳定发展;开发新产品,要充分调研市场状况,理性分析,避免盲目上马;注意财务评价指标的动向,关注资产负债率、流动比率、速动比率是否在正常范围内,避免财务风险的出现。企业进行投资活动,要有充分的论证过程,在认真分析市场状况、投资风险、投资回报、资金成本基础上进行决策。企业经营要有长远意识,不能存在走一步看一步情况。

总之,大智移云时代下的财务部门不再是简单的记账核算机构,财务人员的工作将聚焦于价值管理和创造,其角色也将变为提供决策支持的管理者、企业变革的领导者和可咨询相关业务的合作伙伴。

第五章　大智移云时代下的企业运营

第一节　大智移云时代下的企业管理者

一、企业的数据管理模式

为什么德国能够生产出安全可靠的汽车？研究者就这个问题进行了深入的研究，结果显示其中一个重要原因是：长期以来德国汽车制造商通过大量试验，积累了大量的数据，如汽车公司通过碰撞试验，对汽车在受到外力重击的情况下的形变进行了统计，从而不断推陈出新。换句话说，德国能制造世界一流的汽车是对数据管理的结果。

全世界的观众都非常喜欢好莱坞影片，很多人认为好莱坞的电影极具创造力。但殊不知，好莱坞看似各不相同的电影其实都是用相近的模子做出来的，都是用数据作为制作的标尺。好莱坞的编剧是非常重视剧情结构的，通过对剧情结构进行研究，编剧非常清楚观众在观影的某个时刻最希望看到什么，便在那一刻通过剧情满足观众，给观众情理之中却又意料之外的惊喜，从而让观众得到最大的满足。

好莱坞大片大都严格遵循好莱坞的量化剧情结构，精确到秒。以《阿凡达》为例，开片十几分钟里交代了故事的背景，一个残疾军人如何来到潘多拉星球、潘多拉星球上有什么、阿凡达是什么、人类去潘多拉星球干什么。在好莱坞模式中，如果前十几分钟不能把故事的前因后果交代清楚，观众就会失去耐心，所以导演们基本都把这一规则作为铁律来遵守。

从德国的汽车制造到美国的好莱坞影片，这些告诉我们，精品的产生都是数据化管理的结果。我们经常能在报纸、杂志上看到很多关于优秀国际企业的管理方法、制度等，但我们看到的这些内容，其实并不是它们最核心的成功要素。国际顶尖企业成功的秘籍是这些制度建立的基础——数量化的土壤。

在这些企业里，管理者运用数据和客观方法已基本成为一种思维定式，没有数据，管理者就不会轻易做出结论。从市场分析预测到战略的实施与评估，他们都会尝试用数量化的科学方法实施。下面来看看著名的沃尔玛公司的管理者是如何应用数量化的方法解决实际问题的。

很多人都在研究沃尔玛优秀的管理经验，例如，沃尔玛注重客户满意度，员工3米内见到客户要露出8颗牙齿，以及对员工进行充分的在职培训等。但很多人不知道的是，沃尔玛的核心管理经验之一是其科学的数量化管理，充分运用数据来挖掘和分析解决问题的方法。通常人们逛超市都不会只买一种商品，而且买的商品大都具有一些关联性。例如，自己在家做饭的顾客经常会同时买蔬菜、肉、大米、鱼、油和调味品等商品，而购买日用品的顾客往往会一起购买洗衣粉、香皂、卫生纸和清洁剂等。虽然每个顾客购买商品的动机非常偶然，并且各有各的特点，但是把大量顾客的采购结果汇总后，就会发现一定的规律。沃尔玛的专家们经过长时间的数据统计，发现不同商品之间是有一定关联性的，而这些商品的销售量也会有一定的比例。在这里，以蔬菜、肉类和食用油三种商品为例，沃尔玛经过长期跟踪发现，这三种商品销售额之间的大致比例是10∶8∶1。

职业经理人常会到销售现场检查巡视，但是除了销售现场的巡视之外，他们还会非常关注相关数据的变化。大型连锁超市的收银台会随时把顾客的采购信息，传送到后台的ERP信息系统进行统计。超市早上7点开门，到了9点数据就已汇总。经理通过汇总报表观察超市各商品的比例，还是以蔬菜、肉类和食用油为例，三种商品的正常比例为10∶8∶1，如果今天的数据显示三种商品的比例是10∶4∶1，就很容易发现肉类的销售出现了异常情况。顾客选择了10单位的蔬菜，本应选择8单位的肉类，但是今天肉类的销售居然降了一半，经理会立即跑到肉类销售区去查看原因。看是价格的问题，是陈列的问题，还是质量的问题。一旦找到原因，就可以立即有针对性地进行调整。这样，问题刚出现苗头，就迅速地被控制和改善了。

如果没有数据，超市经理仅凭主观感受和观察，只会发现超市的员工都非常忙碌，顾客们都在兴致勃勃地采购，似乎一切都很顺利。超市经理虽然可以在巡视中纠正一些商品摆放不当的失误，提醒员工的服装要穿戴整齐，但他很有可能忽略掉最关键的方面。

如果根据每天的报表进行统计和分析，往往会发现更多问题。例如，一周后的一天，超市7点开门，经理9点看到蔬菜、肉类和食用油的销售比例是8∶6∶1。这说明单项商品的销售没有出现问题，但是整体客流量降低了。经理就会马上去查看，为什么今天的客流量整体减少了。

相信数据，用数据说话，已经成为沃尔玛等国际型企业的职业经理人的思维定式。

数量化是一把精密的机械手术刀，它最大的作用是精准切割，科学拆解，再完美地组装还原。让人明白，问题本可以更好地解决，分析本可以更透彻和深入，目标本可以更清晰和具体化。它的解剖对象可以是一个员工的一次绩效评估，也可以是一个企业的战略。因为只需用数字体现出的结果来说话，不用去考虑中间的过程和理由，只需用结果来衡量中间过程，做到的自有其道理，做不到的则是没有付出足够的努力。

提到通用电气，很多人会想到杰克·韦尔奇，他被称为20世纪最伟大的CEO。因为大家认为，是他通过国际化和多元化战略，把通用电气打造成了全球盈利能力第一的企业。实际上，真正把通用电气引入正轨的是该企业的上一任CEO雷金纳德·琼斯。

20世纪80年代以前，企业很少以数据为基础进行管理，但现在，随着大智移云的发展，人们将数据理论运用到实践中，数据让管理变得更便捷和省力。

　　财务总监出身的雷金纳德·琼斯在通用电气大厦顶层通过使用模型和数据对公司进行管理，他虽然较少亲自到公司基层，但对分公司的了解比各个分公司经理还要清楚。正是在雷金纳德·琼斯的带领下，1971～1980年通用电气的收入从94亿美元翻番至240多亿美元，而净利润的增长速度更快，从4.17亿美元增至15亿美元之多。

　　有了雷金纳德·琼斯打下的基础，杰克·韦尔奇继任之后，把科学管理和数量化分析的理念带入其国际化、多元化的战略实施中，充分运用数据、报表，对潜在收购对象的分析极为透彻，使得每次投资都能得到最大回报。

　　企业的规模越来越大，管理者也越来越无法仅凭直觉和经验进行管理与决策。所以，人们需要用数据，而非用感觉来管理，因为人的感觉很可能会出现偏差，一定要运用数据，运用数量化的方法观察企业运营、进行市场预测，以及对人员进行有效的管理和评估。只有这样，我们才能把握住未来的发展机遇。

二、学会用客观数据说话

　　北京大学副教授王锐说过："数据时代将是一场关于生活、工作与思维的大变革。作为企业管理者，应该拥有一双能够看穿数据的慧眼。数据时代对商业模式的冲击，将直接改变企业运营的思考方法、策略制定和衡量标准。不过，企业运营的核心岿然不动，那就是洞察客户的欲望和需求（意识到和未意识到的），传递给其最合适的解决方案，以此创造价值。"的确，大智移云时代的来临，无疑能帮助我们更加接近营销目标的完美实现。营销的大智移云思维，也就是"向数据中求答案"。

　　在"二战"期间，美国动用了大量的轰炸机执行飞行任务，很多飞机被地面炮火击落，损失惨重。根据飞行员的经验来判断，飞机上主机翼的面积较大，最容易被击中，但是如果在飞机主机翼上面加装装甲，面积太大，重量太大，飞机将无法起飞。

　　如何加装少量的装甲，让飞机得到最关键的保护呢？美国军方内部争论不休，最终请来了著名统计学家沃德教授。

　　沃德给每名飞行员发了一张飞机平面图，他要求飞行员将自己飞机上的弹孔画在这张平面图上。当飞行员们将图纸交回来以后，沃德将这些图上的弹孔集中绘制在了一张图上。结果，飞机上的弹孔密密麻麻，尤其是在前机翼上面，但是两个区域的弹孔却比较少，一个是在驾驶舱，一个是在飞机的水平尾翼上。

　　看到这个结果，空军人员更加确定应该在前机翼加装装甲，但沃德教授提出要在图上弹孔最少的驾驶舱和水平尾翼加装装甲。一位飞行员出身的将军非常不解，他说："根据教授的统计，很明显，这两个地方是中弹率最低的，而前机翼中弹最多。"沃德却说："我们统计的飞机，都是能够飞回来的飞机。从统计的结果来看，飞机即使多次被击中机翼，仍然可以飞回来。这次统计中飞机很少中弹的部位，其实并不是真的不会被炮弹击中，而是被击中以后，很有可能会坠毁，也就无法参与统计了。"可那位将军仍不认同沃德教授的观点："虽然沃德教授的推论似乎很有道理，但是凭经验而言，我当飞行员执行任务时，飞机机翼多次中弹，面临坠毁的危险，只是由于我的经验丰富才侥幸生还。机翼中弹的概率是最高的，所以我仍然坚持在机翼安装装甲。"

面对两个人的不同意见，空军司令感到非常为难。最终，他决定听取沃德教授的意见，对飞机进行改进，在驾驶舱和水平尾翼上加装装甲。采取了措施之后，美军飞机的生存率大幅提升。军方为了确定决策是否正确，特意派遣特种部队及敌后抵抗组织去检查德国和法国境内坠毁的飞机。结果发现，很多坠毁的飞机是驾驶舱和水平尾翼中弹。

这是一个非常典型的科学方法与经验主义的对决，最终科学家运用科学的工具和方法解决了难题。所以，作为大智移云时代的管理者，要学会用数据说话，这样才是合格的管理者。

再看一个运用数据解决疑难问题的例子。风险投资公司往往是依靠本能感觉、权威意见来做出投资决策的。由于风险投资的业务遍布各行各业，不太容易有一个量化的计算方法，对各领域的投资项目进行分析。但投资毕竟是一件需谨慎的事情，所以投资者还是会尝试寻找科学的方法，分析有潜力的创业者和创业公司，给他们评级打分。

投资者根据前来寻求支持的创业者手机上的应用程序、经常浏览的网站、读过的书籍等，来分析创业者的思想。看看他的大脑里都有哪些内容，创业者平时都读哪些书，社交网络会发布什么内容等。投资者认为，如果创业者微博上发的是有知识、有水平的内容，如引用名句名篇之类的，则会增加创业成功指数。

著名风险投资家克里斯·萨卡曾讲过，在分析投资项目时，会分析创业者在一个社交网络及微博客服的网站上发表的最近50条信息，来观察创业者到底是什么风格的人。在他精心设计的投资算法里，把创业者在社交网站中的表现纳入计算公式，用数据来分析创业者是否是个值得信赖的人。

投资者还会根据创业者手机号码的使用年份，以及每天第一通电话拨打的时间来进行分析和判断。创业者手机号码的使用年份可以透露太多信息，如他们与周围人关系的稳定程度，他们的年龄有多大，他们的号码是否参加过亲情计划或是从座机号码转网过来。投资者可以通过对手机号码使用年份这一信息的处理，获得所有上述的信息，整个过程完全合法且在保密状况下进行。最终，投资者就能找到年轻、稳定，来自中产阶级家庭，并且有家人和朋友支持的创业者。

随着社会的发展，我们已进入大智移云时代，人人都会成为"数据控"，因为许多以前无法用数量化和科学方法解决的问题，也都有了解决方案。大智移云借助计算机、数据采集工具、服务器、ERP信息系统等IT技术，通过各种计算公式、统计方法可以在很多领域大显身手。

三、管理者必备的数据运用能力

人的经验和感觉会出现偏差，在这个大智移云时代，无论做什么工作，管理者都需要学会用数据来管理工作，而不是凭感觉。很多企业一天天发展壮大，逐渐从中小企业进入大型企业的行列。这个时候的企业在管理上正逐渐走向规模化发展的阶段，很多企业都迫切需要在一些方面得到提升。例如，如何复制和扩大规模，如何提升执行力，如何建立企业文化等。而几乎所有这些问题，归根结底都可以从数量化思维之中找到答案。

管理者每天需要分析库存数据、财务数据、产品数据、售后数据……企业每天也得从重视数据管理开始，要经常检视企业的库存是否合理、财务是否健康、销售网络是否正常、生产流程是否顺利、售后网络是否完善等。根据这些数据，管理者才能更清楚企业现状，做出正确的决策，企业从而得以良性发展。

关于管理定义的描述很多，但是各种不同的定义大都离不开"目标"二字，管理就是相对于目标而言的。目标的重要性不言而喻，但目标到底是什么呢？

（一）用数据明确方向

目标可以理解为"目的"的数量化标准。"目的"可以定义为一个公司的愿景或一个人的梦想。例如，成为一个全球领先的咨询企业，成为一个成功的学者。而目标是"目的"的标尺，必须用数据定义出"目的"的范围和程度。例如，你可以设定成为一个全球领先的咨询企业，需要10亿美元的销售额，在全球同类公司中排名前5位；成为一个成功的学者，则需要出版10部专著，在核心期刊发表100篇论文，以及在10所国内知名大学任教。

目标是员工努力的方向。但如果管理者只用一句"把这项工作做好"来对员工下达指示，就会让员工失去方向，不知所措。因为"做好"是一个非常抽象的概念，做到什么程度是"做好"，什么时间完成是"做好"，不是每个员工都那么有悟性，能够自己领会和把握的。即使有悟性的员工，也大都是根据经验揣测领导的要求是什么，但揣测是很可能出现偏差的。

在制定目标时管理者经常用到SMART原则，M代表可度量，绩效指标是数量化或行为化的，管理者需验证这些绩效指标的数据或信息是可以获得的。在很多企业的管理中，M往往是其弱项。经常听到管理者说"尽快做好""尽最大努力""发扬团队精神""快去看一下"之类模糊的话，其实这些都不是科学的表述方式。

"尽快做好"，用多长时间完成才算是"快"，员工和管理者对此往往会有不同的理解。"为老员工安排进一步的培训"这肯定不是一个明确的、清晰的、可度量的目标。如果让下属根据自己的揣测去执行，结果很可能和领导的初衷距离很远。最后，领导不满意，员工很委屈。如果我们用数量化的方式改进一下，情况可能就完全不一样。

（二）用数量化复制成功

很多人为工作而忙碌不堪，到各地出差可能需要在吃饭的时间赶到机场，因此会到麦当劳、肯德基等连锁店进餐。在这些连锁店里，他们的服务和餐饮品质，无论哪个城市都不会有太大的偏差。而且，价格大家心里也有数，不用担心挨宰。为什么麦当劳、肯德基可以做到各地分店的服务和餐饮品质都相近呢？因为他们尽可能地采用了自动化的设备进行烹制，每种食品的加工时间已经被固化，每一步动作精确到秒。同时，他们为工作人员制定了详细的操作流程。流程就是可以复制的标准，近年来比较流行的一个词叫作"复制成功"。也就是说，把一个地方的成功经验传播到其他地方，把一个局部的经验传播到整体。复制成功最好的方法是，把成功的行为标准化、流程化，用精确的数字进行描述。有了数据，复制中就有了参考的依据和标准。

（三）用量化思维提升执行力

执行力是很多管理者非常关注也非常头疼的话题，于是我们常在企业中看到这样的现象：说了不做，做了也做不好，做不好还互相推诿。"没有功劳，也有苦劳"这句话在管理上是一种回避结果的说法，完全不能接受。企业的动力是盈利，这是对公司、社会及各种相关利益者负责。企业总有或大或小的愿景，最起码是对生存的期盼。市场就是战场，行动是第一位的，这是前提。但重点是结果，没有朝着期望的结果方向行动，就是盲目的行动，徒劳无功，而且可能产生负面作用。

执行过程中用各种不合乎规则的方法，遇到困难时互相推诿，当前的企业中经常存在这种执行力不强的现象，很多领导者为此头疼不已。殊不知，执行力差的根本就是缺乏数量化的管理理念。

如果有了数量化的目标和数量化的标准，执行过程中大家必然有章可循。而一旦建立了数量化的目标体系，一切用数据说话，也能树立员工"以数据为导向"的意识。任何工作都可能存在一定的不确定性，如经济形势走低、市场风云变幻、供应商支持不力等都有可能发生，所以管理者一定要有预估风险的能力，以提前做好规划规避风险。

职业经理人知道，自己最终要提供的就是一个量化的结果，各种阻力和风险都不能成为达不成目标的理由。自己的职业发展和收入只和最后的量化结果挂钩，运气还是偶然，不能成为借口。所以，自己能做的就是努力做好准备工作，最大限度地规避风险。而在遇到困难需要协调时，推诿和找借口都不能帮自己达成量化的目标，而只有积极采取行动才是真正的出路。

第二节 大智移云管理工具

一、数据的 PDCA 循环管理

PDCA 循环是管理学中著名的理论模型，由计划（plan）、执行（do）、检查（check）和改进（action）四个步骤构成。在管理过程中，通过对 P、D、C、A 每个环节进行精心运作，从而达成最终目标。PDCA 最早由休哈特于 1930 年构想，后来被美国质量管理专家戴明博士在 1950 年整理成系统的理论，并通过广泛的宣传运用于各大企业的管理中。PDCA 对于持续改善产品质量和运营水平有很大的帮助，现在 PDCA 已逐渐为各个领域的管理所应用。

关于 PDCA 的论述有很多，这里我们将重点讨论如何在 PDCA 中运用数据，以量化的方式管理目标，同时还会提供相关的操作工具与方法。P、D、C、A 四个英文字母所代表的意义如下。

1. P（plan）：计划

根据调研和数据制定目标，并预先设想工作中可能遇到的困难及具体解决方法。制定计划前首先进行充分的调查研究，还要根据大量的数据采样进行统计。根据调研数据发现规律，并设立用于参照的量化指标，如设立每小时生产 20 件产品的生产标准等。在设定目标时，应尽可能地量化。一个有效的目标描述方法需符合 SMART 原则，即明确性（specific）、可衡量性（measurable）、可实现性（attainable）、相关性（relevant）、时限性（time-bound）。其中，可衡量性和时限性是很多管理者容易忽略的。

例如，篮球比赛就是根据历史数据分析对手去排兵布阵的。每场比赛前，NBA 球队的教练会根据对手的历史记录对其进行分析，从他们的各项数据中发现规律及应对方法。如果一支球队的得分无论是赢球还是输球，都是 110 分以上，如输球得分 112∶115，赢球得分 118∶114，说明这支球队是支攻强守弱的球队。那么，对待这支球队，像姚明这样的中锋就要将更多的精力放在防守对方得分的队员上，进攻得分的工作则由其他球员去做。而另一支球队，如果其得分每次都是 80 多分，如赢球得分 87∶83，输球得分 82∶85，说明这支球队的特点是防守比较强，但是他们的进攻却显得乏力，得分总是不高。面对守强攻弱的球队，姚明这样的中锋就要重点负责进攻，努力突破对方的防守，而对方的进攻球员攻击力不会很高，其他队员负责防守就可以了。

另外，教练还可以根据每个球员的历史数据发现其战术特点。教练只有对球员的各项数据和指标都清楚明了，比赛时才能根据每个球员的特点和弱点，来进行相应的安排。

2. D (do)：执行

执行就是具体运作，实现计划中的内容。在执行阶段，对员工的要求就是按照既定的标准努力工作。用目标作为衡量能力的唯一标准，可以让员工集中精力工作，主动规避风险，不找借口，这也正是其高度执行力的体现。

例如，NBA 就是从教练到球员，实现各项指标最终达成胜局。NBA 的球员都养成了专业的心态，上场就要尽自己最大的努力。每个球员都明白，他们的价值最终体现在球场上的表现和结果。而这些，都会通过数据清清楚楚地反映出来。因此，所有球员都会根据既定的目标坚决执行。

3. C (check)：检查

对计划执行情况进行及时的检查和总结，尤其是要用数据进行描述。分清哪些对了，哪些错了，以明确效果、找出问题。

NBA 在比赛过程中，每个球队都会对各种指标进行实时监控，都有自己的数据统计人员对每个球员的相关数据进行统计。教练会根据球队的实际表现，及时调整战术和调换上场球员。而且，统计的结果会实时传到球员手中，每个球员在每节休息的时候都会得到一个小板，上面是关于他在场上的详细数据，球员就可以思考自己下一步该如何调整。

员工做的永远不是领导倡导的，永远是对自己有利的；员工做的也不是领导要求的，而是领导检查的。这句话虽然说得有些偏激，但还是有一定道理的，至少说明了，企业建立良好的检查机制，是确保执行到位的重要手段。设立可量化的检查方法是重要的科学检查手段，检查过程中应及时反馈过程中出现的问题，并重视反馈的时效性。

4. A (action)：处理，即改进

对检查的结果进行处理，认可或否定。对成功的经验加以肯定，或模式化或标准化予以适当推广；对失败的教训进行总结，避免继续犯同样的错误；对这一轮未解决的问题，进入下一个 PDCA 循环。改进应有的放矢，一定是在量化统计的基础上进行的。

NBA 根据赛后总结，进行有针对性的提升。在比赛之后，主教练会总结球队的表现，并对球员进行提示。赛后，还会有助理教练帮带每个球员进行专项的训练，基本上就是缺什么补什么。训练中，球队和教练也会对球员的表现进行数据统计，尤其是对抗赛中每个球员的表现。另外，NBA 的转会也是根据大量数据统计进行的。

PDCA 循环作为全面管理体系运转的基本方法，需要搜集大量数据资料，并综合运用各种管理技术和方法。管理活动的正常运转，离不开管理的循环。也就是说，改进与解决质量问题、赶超先进水平的各项工作，都要运用 PDCA 循环的程序。不论是提高产品质量，还是进行市场运营，都应先给出目标（如质量提高到什么程度，不合格品率降低多少），并有相应的实施计划。这个计划不仅包括目标，还包括实现这一目标需要采取的各项具体措施。计划制定之后，必须按照计划执行。执行过程中，还应及时检查是否实现了预期效

果、有没有达到预期的目标，并通过检查找出问题和原因。最后进行处理时，将经验、教训制定成相关标准，形成制度。

二、数据的预测与风险规避

现代企业管理要求我们必须在动态变化中做出决策，需要根据形势变化进行及时的调整。因此，对未来即将发生的情况掌握越多，就越能够提前准备做好防范。数据在其中往往发挥着不可忽视的作用。现代企业管理强调供产销互动，也就是供应采购、生产单位和市场营销之间要互相沟通，及时通报信息。这样，各个部门才能做好规划和准备工作。

对于采购物流部门来说，应该在供应商供货正常时就预测出未来是否有交货不及时或断货的可能。我们拿惠普公司为例。在惠普公司，营销团队每天都会收到来自生产部门的黄色警报邮件和红色警报邮件。黄色警报是提示营销团队近期某类产品的配件有缺货的可能，会导致某类产品延迟发货，销售团队在签合同前要和客户就发货时间进行协商，或者向客户推荐其他产品。而红色警报则表示某个产品的配件极为紧张，接近断货，销售团队要立即停止向客户报价，避免签了合同以后无法交货。为了准确了解未来的态势，采购、物流等部门要随时了解供应商的经营动态，以及供应商所在领域的经济态势，避免出现突然断货导致供应不及时的情况。如惠普公司会在管理供应商的时候采用"少数及密切配合供应商"的原则。在商品管理、质量和工艺管理方面为供应商提供培训，帮他们改善内部流程，还把品质管理等工具分享给供应商，使其自身采购的管理水平也得到提高。

惠普对供应商有一套量化的评分体系，每个季度都定期对供应商进行评估，通过评估可以预测供应商在未来的表现，提前做好准备。

在做销售工作时我们常常遇到这样的现象：我们对某一家代理商没有做太多的营销工作，结果其业绩增长得非常快；而另一家代理商，我们帮他做了大量营销推广工作，业绩却没有太大增长。一个年轻的销售员负责了一个大型企业，其销售的产值会突飞猛进；而一个资深销售员负责一个小企业，其业绩往往不会很高。

面对这种情况，该如何衡量销售员的工作是否到位，如何了解销售员的能力是否合格呢？这里一个重要的工具和方法就是"销售预测"，其要用到的工具就是数据。

运用数据预测推动销售人员了解自己的业务，判断客户对自己的接受程度，找出距离目标的差距，提前采取行动。

营销人员进行销售预测，还可以推动他们多接近客户，更扎实地做好市场工作。另外，销售预测对于企业运营也有着至关重要的作用。

在对市场进行预测时，有一个非常有用的工具——销售漏斗。这是一个系统记录客户业务机会的工具，可以用来预测未来业务机会的多少，也可以用来预测不同业务部门和不同时间的业务机会，甚至可以分析出营销团队的风格。销售漏斗主要有以下特点。

（1）销售漏斗用于对业务机会进行记录，包括客户联系信息，如联系人、电话、传真、邮箱等，以及关于业务机会的预期成交时间、成交金额、产品品类等信息。

（2）销售漏斗中还有一项"成交概率"。可以说，"成交概率"是销售漏斗中的核心要素。

（3）加权计算未来的业绩。对于每一个业务机会，将其预期成交金额和成交概率相乘，即得到一个未来的加权预期金额。

（4）将一系列业务机会的加权预期金额进行统计，就可以对未来一段时间里的业务做出整体判断。如果加权的预期金额大于目标，则说明业务基本处于正常；如果远小于目标，则说明需要进行调整改进。

（5）如果一个团队每个月的实际完成总是加权预期金额的70%，则说明这个团队在预估时总是过于乐观。新的月份到来，如果他们预测为900万元，我们就可以预期其最终可能只会完成630万元。

数据预测对于企业的运营有着非常重要的意义，一方面，企业可以根据预测有计划地安排运营；另一方面，也可以推动员工清晰地梳理自己的业务，树立良好的工作意识。预测包括很多方面，如未来的生产能力与原料供应是否充分、人员状况、销售状况等。只有了解了这些，我们才能提前防范风险，并做好长期规划。

三、绩效管理中的商务智能运用

（一）大智移云背景下的绩效管理

目前，目标管理（MBO）是国内最常用的绩效管理类型，但是，很多人对这样的绩效管理系统不满意。那么，这种评价系统究竟有什么不足呢？一般来说，在企业的绩效管理中，管理者会把员工的工作进行量化，并且用"量化"压倒一切，尽可能地把绩效管理目标用数量进行表述，这样，就忽视了如效率、忠诚等其他方面。这种重视考核、量化的原因使许多企业淡化了绩效管理的目的，他们以偏概全，认为绩效考核就是全部绩效管理。

那么，在大智移云的背景下，绩效管理的目的是什么呢？

在动态绩效管理中，通过管理诊断、检讨来改进组织的管理体系、提升组织的管理效率，最终优化、改善现有的管理，其最终目的和企业管理的目的相一致，即股东价值最大化，这就是绩效管理的目的。值得注意的是，企业为了量化而量化的"绩效管理"是不全面的。假如我们看重量的多少，就会让量化占据了管理的主要资源，从而会误导绩效管理的真正方向，很难实现有效的绩效管理。

很多企业在信息化建设中采用了ERP系统，基本实现了业务处理的自动化，但是，对ERP系统的应用仅仅是对呆板的技术的应用而已，很多企业并未真正实现管理信息自动化。所以，采用了大智移云系统，并不能代表在绩效考核中就能享受大智移云所带来的好处。原因在于，在绩效考核中，企业对产生的大量相关数据往往会通过ERP系统进行处理，并把处理后的数据导出，利用数据库处理或 EXCEL 手工进行数据整理和分析，按照企业绩效管理的考核方法，对各种指标进行计算和分析，最后得出绩效考核的"数量"结果。

这个过程的后果是：ERP 系统产生了大量的业务数据，但这仅仅是大量数据而已，如果不能对这些数据加以科学分析，企业就不能自动从这些海量数据中获得管理决策和绩效管理的有用、及时的信息。所以，获得这些数据仅仅是第一步，数据二次"开发"才是发挥大智移云作用的关键。有数据库编程处理，而缺少数据"挖掘"的技术支持，这样就产生了海量数据和管理层信息分离的现象，所以，在绩效管理中，管理层决策还要大量依靠主观的经验判断。一面是日益膨胀的数据量，另一面是决策人员的分析需求无法得到满足，两者之间的矛盾给绩效管理带来了瓶颈。于是，一种建立在 ERP 系统基础之上的"商务智能"解决方案在国外得到了企业的追捧和广泛运用。和 ERP 系统相比，商务智能更能够挖掘数据的价值内涵。

（二）商务智能在绩效管理中的运用

商务智能本质上是把组织的业务数据转化成容易理解、价值较高的信息，并将正确的信息在正确的时间以正确的方式分配给正确的人。

根据国际数据公司的定义，商务智能是对商业信息的搜集、加工、管理和分析，目的是使企业的各级决策者获得知识或洞察力，促使他们更快地做出对企业更有利的决策。

商务智能一般由数据仓库、数据查询和报表、数据挖掘、在线分析、预算和预测等部分组成。换言之，商务智能是站在今天的角度回顾过去、展望未来，将过去的信息转变成今天的知识进而转变成明天的财富。

一般认为，商务智能将在很多领域给企业带来好处。

（1）信息共享。

（2）灵活性和适应性。

（3）及时有效。

（4）控制企业增长。大多数商务智能方案都具有可修改、可升级的特点，所以它可以伴随企业的增长而发展。最高管理层可以监控这种公司内的变化及其与外部的相互影响，据此修正和控制公司的增长速度。而许多没有应用商务智能的公司很可能在公司从小变大的增长过程中翻船，因为他们不知道公司正在发生什么，往往在管理层发现问题之前就出事了。

（5）创造新的利润。许多公司通过商务智能提供的信息来"销售"，获得利润。

（6）降低成本。

商务智能和 ERP 的整合。ERP 是面向操作的软件，而商务智能是面向决策的软件，两者在功能上有着显著的区别，商务智能需要建立在 ERP 系统已收集的原始数据的基础上，弥补 ERP 在分析、决策功能上的不足，但绝不是简单的 ERP 附属模块。

在采用商务智能以前，管理人员用于整理数据和分析数据的时间之比约为8：2，而采用了商务智能以后，管理人员用于整理数据和分析数据的时间之比将为2：8。商务智能把管理人员从数据整理工作中解放了出来，从而使其充分发挥潜在的管理能力。商务智能与绩效管理系统的整合，将使企业真正关注绩效管理的目的，把ERP从管理的"时尚"转变成真正的执行"工具"。在这个意义上说商务智能是绩效管理的重要技术支持，是整个绩效管理体系的技术"骨架"。企业绩效管理是一个体系，它包括了有效绩效管理的全部过程，主要内容如下。

①计划、预算和预测，包括战略计划、经营计划、预算和预测。

②报告和绩效考核，包括报告、绩效度量、分析。

③组织校准和责任，包括监督个人结果和奖励结果。在绩效管理的操作进程中包括四个相互联系的关键维度，即流程、信息、人员和团队组织、技术，它们贯穿于整个绩效管理的过程中，共同影响绩效管理的实施效果。

四、对员工进行量化评估

在对员工进行评价时，要考虑一种情况，就是领导评价完下属后，下属会不会有情绪。很多满意度调查的结果不准，因为人在受到威胁和资源被人掌控时，会做出虚假的评价，毕竟让人去得罪人是很难的。

为了加大考核力度，给中层经理们足够的管理空间，一家大型企业设立了新的考核制度。员工一半的收入作为固定收入直接发放到员工手中，另外一半的收入由经理掌控，根据经理对员工的评价发放。公司管理层期待经理们可以拉开员工收入，奖励那些贡献大的员工，让他们与那些绩效差的员工收入拉开差距。结果不到3个月，出现了管理层意想不到的情况，经理们在发放奖金时，几乎都是平均分配的，没有体现出贡献的高低。

为什么会出现这样的情况？因为当经理给表现不好的员工发得少的时候，员工会表现出不满的情绪："你光说我干得不好，哪有证据呀？我觉得自己挺卖力啊！"一部分员工就会采用抱怨、消极怠工，甚至威胁的方式来发泄。经理面对压力，最终不得不妥协，即使不是完全平均，也会使好员工和差员工的收入差距降低，最终失去了考核的意义。

考核在经过一段时间之后，出现平均化的情况，称为考核钝化。考核钝化的现象比比皆是。在对员工评价时，想避免这种钝化的现象，其中一个方法就是由多个人进行评价，而不是一个人进行评价。那么由谁来进行评价，各自的权重应是多少呢？建议直接领导的权重应该占到30%～40%，这样可以突显直接领导的权力；接下来是隔级高层领导的评价，隔级高层领导可有2～3个人，合计占30%的权重，隔级领导主要由于其高度更高，可以看得更全面，避免直接领导的评价不够客观；剩下的30%～40%权重，则应该由同级的相关同事来进行评价。

需要注意的是，我们不太主张采用360度评价的方法对管理人员进行考核，360度的考核参与考评的人员太多，甚至让下属也参与对其管理者的评价。如果由下属对经理进行评价，容易导致经理在管理时束手束脚，甚至干脆当老好人，对员工的错误不进行严格管理。在请同级同事进行评价时，一般只选择工作联系密切的主要同事就行了，以降低操作难度。

为了避免对员工的评价不够客观，很有必要在对员工进行评价时加入定量的标准。如果在员工的评价中有"积极性"这一指标，就要定义出来什么样的行为是积极性高的行为。例如，"积极性"可以从以下三个方面体现出来。

①工作守时，早来晚走，这是积极的一个体现。
②积极性也体现在主动承担额外的工作任务。
③积极的态度还体现在没有怨言。工作业绩很好但总发牢骚，这不是积极性的体现。

接下来，我们还可以就积极的程度进行定义，如果满分是10分的话，可以具体定义10分的表现是什么样的，9分的表现是什么样的，8分的表现又是什么样的，7分的表现是什么样……这样评判者在打分时就可以有所依据，评价也会相对客观。还是以"积极"为例，10分、9分、8分、7分的评价标准如下。

10分：没有迟到早退的现象，主动承担额外工作任务，从无怨言。
9分：偶尔出现迟到早退现象，能主动完成本职工作，没有怨言。
8分：偶尔出现迟到早退现象，经过提示可以完成本职工作，有时有怨言。
7分：出现迟到早退现象且对工作有一定影响，基本能够完成本职工作，时有怨言。

定出可参考的标准，评价者在打分的时候就容易多了，准确性也更高一些。当然，一个人的评价可能具备偶然性，而让多个人参与评价得到的结果会更加客观。

第三节 大智移云下的商业运行

一、大智移云下的企业竞争优势

随着计算机技术的发展，人们对所谓的"信息技术"的关注往往会偏重于其中的"技术"部分。一家网络公司首席信息官的职责其实就是购买和管理服务器、存储设备和网络。而在大智移云的背景下，获取数据信息以及对信息的分析、存储和预测的能力，正成为企业的竞争优势。

众所周知，信息技术刚刚兴起的时候，那些较早应用信息技术的企业能更快地发展并超越他人，从事相关技术开发的企业更是成为当下最强大的实体。微软在20世纪90年代就建立了以公司内部电子邮件作为标准的沟通机制。

接受大智移云，并在不同的组织之间使用数据，用数据找出组织内部的关联，这给企业带来很多意想不到的优势。不少企业会建立企业内部公用的数据库，企业通过将内部数据分析平台开放给所有跟自己公司相关的分析师、管理者和执行者，让组织中的所有成员都能提出跟企业有关的数据问题，获得答案并迅速行动。

"脸谱"的前任大数据领导人阿施什·图苏尔说："新技术已经将我们的话题从'储存什么数据'转化到'我们怎样处理更多的数据'这一话题上了。"脸谱将大智移云推广成为内部的服务，这意味着该服务不仅是为工程师设计的，也是为终端用户，即生产线管理人员设计的，他们需要运用"查询"来找出有效的方案。因此，管理者们不再需要花费几天或是几周的时间来找出网站的哪些改变最有效，或者哪些广告方式的效果最好。他们可以使用内部的大智移云服务，而这些服务本身就是为了满足他们的需求而设计的，这使得数据分析的结果很容易在员工之间共享。

有人断言，过去的20年是信息技术的时代，接下来的20年的时代主题仍会是信息技术。企业能够更快地处理数据，而公共数据资源和内部数据资源一体化将带来独特的洞见，使它们能够远远超越竞争对手。正如"大数据创新空间曲线"的创始人安德鲁·罗杰斯所言，"你分析数据的速度越快，它的预测价值就越大"。企业如今正在渐渐远离批量处理数据的方式而转向实时分析数据来获取竞争优势。

如今，来自大智移云的信息优势不再只属于一些大企业。开源技术让其他企业可以拥有同样的优势。无论是老牌财富100强企业还是新兴的小公司，都能够以合理的价格利用大智移云来获得竞争优势。

与以往相比，大智移云带来的颠覆不仅是可以获取和分析更多的数据，更重要的是，获取和分析等量数据的价格也正在显著下降。但是价格日趋走低，需求却蒸蒸日上。科技进步使储存和分析数据的方式变得更有效率，与此同时，公司也将对此做出更多的数据分析。简而言之，这就是为什么大智移云能够带来商业上的颠覆性变化。

从亚马逊到谷歌，从IBM到惠普和微软，大量的大型技术公司纷纷投身于大智移云。而基于大智移云解决方案，更多初创型企业如雨后春笋般涌现。

大公司致力于横向的大智移云问题解决，与此同时，对于大智移云小公司则以垂直行业的关键应用为重。有些产品可以优化销售效率，而有些产品则通过将不同渠道的营销业绩与实际的产品使用数据相联系，为未来营销活动提供建议。众多的大智移云应用程序的开发意味着小公司不必在内部开发或配备所有大智移云技术，在大多数情况下，它们可以利用基于云端的服务来解决数据分析需求。

二、企业的大智移云战略

IBM的高层曾这样说："我们每天都在创造大量的数据，大约是 2.5×10^{11} 个字节，仅在过去两年间创造的数据就占世界数据总量的90%。"据福雷斯特产业分析研究公司估计，企业数据的总量每年以94%的增长率飙升。

过去几年，大智移云一直致力于以较低的成本采集、存储和分析数据，而未来几年，将致力于数据访问的加速。你在网站上点击按钮，却发现跳出来的是一个等待画面，而你不得不等待交易的完成或报告的生成，这是一个多么令人沮丧的过程。

再来对比一下谷歌搜索结果的响应时间。2010年，谷歌推出了即时搜索功能，该产品可以在你输入文本的同时就能看到搜索结果。通过引入该功能，一个典型用户在谷歌给出的结果中找到自己需要的页面的时间缩短为以前的1/5～1/7。当这一程序刚刚被引进时，人们还在怀疑公众是否能够接受它。如今，短短几年后，人们却难以想象要是没有这种程序生活该怎么继续下去。

数据分析师、经理及行政人员都希望能像谷歌一样用迅捷的洞察力来了解他们的业务。随着大智移云用户对便捷性提出的要求越来越高，仅仅通过采用大智移云技术已不能满足他们的需求。持续的竞争优势并非来自大智移云本身，而是更快地洞察信息的能力。即时搜索功能这样的程序就向我们演示了"立即获得结果"的强大之处。

数据在这样的高速增长之下，每个企业都需要一个大智移云路线图，至少，企业可以把获取数据制定为一种战略，获取范围应从内部计算机系统的常规机器日志一直到线上的用户交互记录。即使企业当时并不知道这些数据有什么用，它们也要这样做，或许随后它们会突然发现这些数据的作用。正如罗杰斯所言："数据所创造的价值远远高于最初的预期，千万不要随便将它们抛弃。"

企业还需要制定一个计划来应对数据的指数型增长。照片、即时信息以及电子邮件的数量非常庞大，而由手机、GPS及其他设备构成的"传感器"所释放出的数据量甚至更大。在理想情况下，企业应让数据分析贯穿于整个组织，并尽可能地做到实时分析。通过观察谷歌、亚马逊、脸谱和其他科技主导企业，你可以看到大智移云之下的种种机会。管理者需要做的就是往自己所在的组织中注入大智移云战略。

成功运用大智移云的企业在大数据世界中添加了一个更为重要的名词，即大数据所有者。大数据所有者指首席数据官或主管数据价值的副总裁。如果你不了解数据意味着什么，世界上所有数据对你来说将毫无价值可言。

大数据所有者不仅能帮助企业进行正确的策略定位，还可以引导企业获取所需的对前景的预判。谷歌和亚马逊这样的企业，应用大数据进行决策已有多年，它们在数据处理上已经取得了不少成果。而现在，很多人都可以拥有这样的能力。

三、"养数据"的数据战略

"用数据"更多的是一种方法论，而"养数据"则是一种数据战略，是基于深入业务理解的更高层次的商业决策。

"养数据"还有一个重要的含义，就是要决定收集哪些数据。这个决定不容忽视，因为这可能是公司数据战略中非常重要的一个环节。因为很多公司的做法是有什么数据就收集什么数据，完全没有主动性，这样做遇到的一个核心问题就是：公司自主思考的能力开始缺失，对该收集什么样的数据不甚了解。事实上，被动收集数据的行为是"收集"，而主动收集数据的行为则是"养数据"。

如果收集主体是一家母婴医院，那么对宝宝的姓名、性别、出生年月和妈妈的姓名等数据的收集，就是收集数据，因为在档案和出生证明上，这些都是必不可少的。但是，如果是母婴用品企业要针对家庭进行营销，那么这些信息显然是不够的，宝宝奶粉的品牌、家庭收入、职业等信息则需要企业自己主动去收集，而这些数据也就是"养"出来的数据。

养数据通常有两类，一类是网站自身没有的数据，要用户主动提供；另一类是公司拥有的，但没有进行收集的数据。

若要收集公司没有的数据，在"养数据"时通常需要花费更多的精力和技巧。举例来说，现在有很多个性化的手机购物应用，它们会根据用户的偏好进行商品的推荐，让每个人都有完全不一样的购物体验。具体的运作原理是：当用户第一次使用这些应用时，界面中会弹出一些问题，通过互动的方式来收集用户的信息数据，如会出几款衣服，让用户挑选哪一款是最喜欢的。这样，在几个问题之后，应用就知道用户的喜好了。这类应用通常还会有另外一个特点，就是会让用户点"赞"，这个点赞的功能，就是让用户明确地告诉应用自己喜欢什么，这样用户就在点赞过程中，不断地告诉应用自己的偏好。这样一来，应用就可以"养"出用户的核心数据。

对于公司有数据但没有收集的状况，更多的是因为内部资源协调和公司决策的问题。很多提供餐饮和团购类信息服务的网站，通常会有一个功能是"把信息通过短信发送到手机"，这样就不需要用户进行特别的记录，不过有些网站会记录用户的手机号，而有些网站则不会。那么，这些手机号需不需要企业存下来呢？这就是一个与业务目的和资源协调相关的问题，如果记录，则必然需要开发人员在后台进行功能的优化，如果不记录，那就会丢失这部分信息。当然记录这些数据，也即是"养"数据，因为这不仅能够校验用户的手机号码是否有效，还能够慢慢地建立起企业与用户的社交关系。

总之，用数据更多的是一种方法论，而"养数据"则是一种数据战略，是基于深入业务理解的更高层次的商业决策，数据"养"的时间越早，积累的数据也就越多。"养数据"同样也是一种管理和商业艺术，在"养"之前可能谁也不确定最终会出现什么后果，但一旦养成，数据就会产生非常大的商业价值。

第四节 大智移云应用的商业典范

一、谷歌的大智移云应用

提到大智移云应用的商业典范，我们首先想到作为搜索引擎巨头的谷歌。行业研究公司康姆斯克的调查结果显示，仅 2012 年 3 月这一个月，谷歌处理的搜索请求就高达 122 亿次。除了存储搜索结果中出现的网站链接外，谷歌还能存储人们的所有搜索行为，这就使该公司能以惊人的洞察力掌握搜索行为的时间、内容以及它们是如何进行的。对数据的洞察力意味着谷歌可以优化其广告，使之从网络流量中获益，这是其他公司所不能企及的。另外，谷歌不仅可以追踪人的行为，还可以预测人们接下来会采取怎样的行动。换句话说，在你行动之前，谷歌就已经知道你在寻找什么了。

谷歌的规模使其得以实施一系列大智移云方法，而这些方法是大多数企业根本不曾具备的。谷歌的优势之一是其拥有一支软件工程师队伍，这些工程师能为公司提供前所未有的大智移云技术。同时，谷歌还不得不处理大量的非结构化数据，如网页、图片等，它不同于传统的结构化数据，如写有姓名和地址的表格。

谷歌的另一个优势是它的基础设施。就谷歌搜索引擎本身的设计而言，数不胜数的服务器保证了谷歌搜索引擎之间的无缝连接。如果出现更多的处理或存储信息需求，抑或某台服务器崩溃时，谷歌的工程师们只需添加服务器就能保证搜索引擎的正常运行。据估计，谷歌的服务器总数超过 100 万个。

谷歌在设计软件的时候一直没有忘记自己所拥有的强大的基础设施。Map Reduce（一种编程模型）和 Google File System 数据处理重塑了谷歌建立搜索索引的方式。

许多公司现在都开始接受 Hadoop 开源代码——Map Reduce 和 Google File System 开发的一个开源衍生产品。Hadoop 能够在多台计算机上实施分布式大智移云处理。当其他公司刚刚开始利用 Hadoop 开源代码时，谷歌就已经开始应用大智移云技术了，事实上，当其他公司开始接受 Hadoop 开源代码时，谷歌已经将重点转移到其他新技术上了，这在同行中占据了绝对优势。这些新技术包括内容索引系统、映射关系系统以及数据查询系统。

如今，谷歌正在进一步开放数据处理领域，将其和更多第三方共享，如它最近刚刚推出的大查询（BigQuery）服务。该项服务允许使用者对超大量数据集进行交互式分析，其中"超大量"意味着数十亿行的数据。BigQuery 就是基于云的数据分析需求。此前，许多第三方企业只有通过购买昂贵的安装软件来建立自己的基础设施，才能进行大智移云分析。随着 BigQuery 这一类服务的推出，企业可以对大型数据集进行分析，而无须巨大的前期投资。

除此以外，谷歌还拥有大量的机器数据，这些数据是人们在谷歌网站进行搜索及经过其网络时所产生的。每当用户输入一个搜索请求时，谷歌就会知道他在寻找什么，所有人在互联网上的行为都会留下"足迹"，而谷歌具备绝佳的技术对这些"足迹"进行捕捉和分析。

不仅如此，除搜索之外，谷歌还有许多获取数据的途径。企业会安装"谷歌分析"之类的产品来追踪访问者在其站点的"足迹"，而谷歌也可获得这些数据。利用"谷歌广告联盟"网站，将来自谷歌广告客户网的广告展示在其各自的站点上，因此，谷歌不仅可以洞察自己网站上广告的展示效果，对其他广告发布站点的展示效果也一览无余。

将所有这些数据集合在一起，我们可以看到：企业不仅可以从最好的技术中获益，同样还可以从最好的信息中获益。在信息技术方面，许多企业可谓耗资巨大，然而谷歌所进行的庞大投入和所获得的巨大成功，很少有企业能做到。

二、亚马逊的大智移云应用

谷歌并不是唯一一个推行大智移云的大型技术公司。互联网零售商亚马逊已经采取了一些激进的举措，并很可能成为谷歌数据驱动领域的最大威胁。摩根士丹利公司分析师指出：到2015年，网络零售巨头亚马逊公司的年销售额将达到1000亿美元，其增长速度将使全球最成功的线下零售商沃尔玛公司相形见绌。如同谷歌一样，亚马逊也要处理海量数据，只不过它处理的数据带有更强的电商倾向。

每次，当消费者在亚马逊网站上搜索想看的电视节目或想买的产品时，亚马逊就会增加对该消费者的了解。基于消费者的搜索行为和产品购买行为，亚马逊就可以知道接下来应该为消费者推荐什么产品。

而亚马逊的聪明之处远不止于此。它还会在网站上持续不断地测试新的设计方案，从而找出转化率最高的方案。你会认为亚马逊网站上的某段页面文字只是碰巧出现的吗？不是的！整个网站的布局、字体大小、颜色、按钮以及其他所有设计，都是经过多次审慎测试后的最优结果。

数据驱动的方法并不仅限于以上领域。根据亚马逊一位前任员工的说法，亚马逊的企业文化就是冷冰冰的数据驱动文化。数据会告诉你什么是有效的、什么是无效的。投资新的商业项目必须要有数据支撑。

对数据的长期关注使亚马逊能够以更低的价格提供更好的服务。消费者往往会直接去亚马逊网站搜索商品并进行购买，谷歌之类的搜索引擎则完全被抛诸脑后。争夺消费者控制权这一战争的硝烟还在不断弥漫。如今，苹果、亚马逊、谷歌及微软，这4家公认的巨头不仅在互联网上进行厮杀，还将其争斗延伸至移动领域。

随着消费者把越来越多的时间花费在手机和平板电脑等移动设备上，他们坐在计算机前的时间已经变得越来越少，因此，那些能成功地让消费者购买他们的移动设备的企业，将会在销售和获取消费者行为信息方面具备更大的优势。企业掌握的消费者群体和个体信息越多，它就越能更好地制定内容、广告和产品。

令人难以置信的是，从支撑新兴技术企业的基础设施到消费内容的移动设备，亚马逊的触角已触及更为广阔的领域。亚马逊在几年前就预见了将作为电子商务平台基础结构的服务器和存储基础设施开放给其他人的价值。"亚马逊网络服务"是亚马逊公司知名的面向公众的云服务提供者，能为新兴企业和老牌公司提供可扩展的运算资源。

运算资源为企业开展大智移云行动铺平了道路。当然，企业依然可以继续投资建立以私有云为形式的自有基础设施，而且很多企业还会这样做。但是如果企业想尽快利用额外的、可扩展的运算资源，它们还可以方便、快捷地在亚马逊系统上使用多个服务器。如今亚马逊引领潮流、备受瞩目，靠的不仅是它自己的网站和开发新移动设备，支持着数千个热门站点的基础设施同样功不可没。结果是，大智移云分析不再需要企业在 IT 上投入固定成本。如今，获取数据、分析数据都能够在云端简单、迅速地完成。换句话说，如今，企业有能力获取和分析大规模的数据——而在过去，它们则会因为无法存储而不得不抛弃它。

三、Linux 数据技术的应用

现在越来越多的数据以照片、推文、点"赞"以及电子邮件的形式出现，这些数据又有与之相联系的其他数据。机器生成的数据以状态更新及其他信息的形式存在，而其他信息包括源自服务器、汽车、飞机、移动电话等设备的信息，处理所有这些数据的复杂性也随之升高。更多的数据意味着它们需要进行整合、理解以及提炼，也意味着数据安全及数据隐私方面存在更高的风险。在过去，公司将内部数据（如销售数据）和外部数据区别对待，现在则希望将这些数据进行整合，以利用由此产生的洞察分析。

企业正将计算和处理的环节转移到云中。这就意味着企业不必购买硬件和软件，只需将之安装到自己的数据中心，然后对基础设施进行维护，就可以在网上获得想要的功能。

就在几年前，Linux 成了主流操作系统，并与早前占主导地位的供应商如太阳微系统公司拆解的商用硬件（低成本的现成服务器）结合。太阳微系统公司因其名为 Solaris 的 Unix 版本而知名，而 Solaris 则在其定制的 SPARC 硬件上运行。有了 Linux，企业就能在低成本硬件上使用开源操作系统，以低成本获得许多相同的功能。MySQL 开源数据库、Apache 开源网络服务器以及 PHP 开源脚本语言搭配起来的实用性也推动了 Linux 的普及。

随着越来越多的企业将 Linux 大规模地用于商业用途，它们要求 Linux 具有企业级的支持和保障。工程师们在实验室使用开源 Linux 效果很好，但是进行商业贸易则还需要一位供应商，因为企业培训、支持以及定制都要与之联系。换言之，大公司愿意从其他大公司处采购。在众多的供应商中，红帽公司（RedHat）脱颖而出，成为 Linux 投递商业支持及服务的市场领导者，目前这家公司的市值超过 100 亿美元。瑞典 MySQLAB 公司启动了对开源 MySQL 数据库项目的开发。2008 年年初，太阳微系统公司以 10 亿美元收购了 MySQLAB 公司。随后，美国甲骨文公司（Oracle）又在 2009 年年末收购了太阳微系统公司。

IBM、甲骨文公司以及其他公司都正在将大型关系型数据库商业化。关系型数据库使数据存储在自定义表中，再通过一个密码进行访问。例如，一个雇员可以通过一个雇员编号认定，然后该编号就会与包含该雇员信息的其他字段相联系——他的名字、地址、雇用日期及职位等。该数据库本来还是可以适用的，直到公司不得不解决大量的非结构化数据。

于是，像谷歌、雅虎、脸谱以及其他这样的公司开发出各自的解决方案，以存储和处理大量的数据。正如 Unix 的开源版本和甲骨文这样的数据库以 Linux 和 MySQL 的形式应运而生一样，大智移云世界里有许多类似的事物在不断涌现。

Apache Hadoop 是一个开源分布式计算平台，通过 Hadoop 分布式文件系统存储大量数据，再通过名为 Map Reduce 的编程模型将对这些数据的操作分成小片段。Apache Hadoop 源自谷歌的原始创建技术。随后，一系列围绕 Hadoop 的开源技术也得到了开发。

Apache Hiv 提供数据仓库功能，包括数据抽取、转换、装载，即将数据从各种来源中抽取出来，再实行转换以满足操作需要，然后装载到目标数据库。Apache HBase 则提供处于 Hadoop 顶部的海量结构化表的实时读写访问功能，它仿照了谷歌的 Big Table。同时，Apache Cassandra 通过复制数据来提供容错数据存储功能。

在过去，这些功能通常只能从商业软件供应商处依靠专门的硬件获取。Linux 让 Unix 的功能在商用硬件上实现应用，从而大幅降低了计算的成本。类似地，开源大智移云技术正在使数据存储和处理能力——这些本只有像谷歌或其他商用运营商之类的公司才具备的能力，在商用硬件上也得到了体现。这样就降低了使用大智移云的先期投入，并且具备了接触更多潜在用户的潜力。软件供应商指出，虽然开源软件是免费的，但是它的维护成本很高，尤其是在一定的规模下。

这就是说，开源软件在开始使用时是免费的，这使其对大多数人颇具吸引力，从而使一些商用运营商采用免费增值的商业模式参与到竞争当中。产品在个人使用或有限数据的前提下是免费的，但顾客需要在之后为部分或大量数据的使用付费。久而久之，采用开源技术的这些企业往往需要商业支援，一如当初使用 Linux 碰到的情形。像 Cloudera、Hortonworks 及 MapR 这样的公司在为 Hadoop 解决这种需要的同时，类似 Data Stax 的公司也在为非关系型数据库做着同样的事情，Lucid Works 之于 Apache Lucerne 也是如此，后者是一种开源搜索解决方案，用于索引并搜索大量网页或文件。

四、戴尔的大智移云应用

（一）通过数据进行创新

创新是企业发展的核心竞争力。但是，如果没有精确的数据作为指导，创新就无的放矢。运用科学的工具进行创新的代表是"科学管理之父"泰勒。

1881年开始，泰勒开始研究生产效率的问题，而提升生产效率最关键的要素就是建立数量化的标准。当时，他所在的米德维尔工厂主要进行金属加工，于是他通过各种分析和统计，摸索出一整套制定流程的方法。

（1）进行动作分析，详细分析劳动过程中工人的动作状况。当时，他选择了身体强壮、技术熟练的工人进行操作，并仔细观察、记录和分析，确定必要部分，消除多余部分，依次确定时间消耗，并在生产中予以贯彻，其他工人就以此作为确定任务和衡量工作好坏的尺度。

（2）对生产过程进行分析，主要对工艺路线和切削用量进行分析。在26年里他进行了大量切削试验，试验用的铁屑达80万吨。

泰勒根据多年的观察和统计，提出了如下详细的改进建议。

（1）对设备的传动装置、刀具、切削规范，提出了数量化的改进意见。

（2）对不同劳动条件、劳动环境和劳动过程的工作情况，也进行了初步的科学研究，发现好的劳动环境可以提升劳动效率，并对此提出了一些合理的改进建议。

（3）实行差别计件工资制，凡是达到定量作业标准的，按照高工资率计算工资；达不到的，按照低工资率计算工资。泰勒还将工作方法和工具，都记录在工作指导卡上发给工人，并以此培训工人，使工人熟悉工作所需的时间大大缩短，工人之间的效率差别也有所缩小。

（4）以新的作业方法和作业标准培训新工人，在他们刚参加工作时就打好基础。

泰勒提出的改进方案，在今天看来，似乎十分平常，但对当时的那个年代来说，这是一个革命性的进步，用科学和数据的方式进行改进，而不是靠主观的思考，这种方法开创了科学管理的新时代。从泰勒的时代至今，创新改进已经发生了翻天覆地的变化。

（二）戴尔数据应用的成功

戴尔是世界著名的IT企业，2012年PC销量全球第二，在2003～2008年曾占据全球销量第一的位置。作为一家只有38年历史的企业，戴尔的业绩着实令人瞩目。数量化的工作方法已侵入了戴尔人的血液之中，使戴尔的日常管理达到了极度精细化的地步。同时，在戴尔的决策及创新方面，数据也成为其重要的依据。

戴尔最广为人称道的是其独特的直接销售模式和卓越的成本控制。创始人迈克尔·戴尔所倡导的制胜文化也是其成功的重要保障。制胜文化体现在结果导向思维，也体现在重视客观数据、提倡效率、鼓励变革。很多企业都尝试复制戴尔的直销业务模式，但都做得不是特别成功。其实，真正让戴尔傲视群雄的不是直销的业务模式，而是其严谨的数量化管理体系与力求完美的流程改进的组合。这种组合，往往是其他公司所无法复制和学会的。

其实，戴尔公司重视数据既不是偶然的，也不是创始人迈克尔·戴尔在一开始就有的专属特长。1993年戴尔公司高速发展，销量大幅增长。为此，公司储备了大量的库存配件。但是，由于粗放的管理使得库存的周转周期很慢。当时，戴尔公司囤积了一大批原料配件，可由于技术更新加速，只能使用新的配件，导致这批老配件无法再使用，损失很大。戴尔9年来第一次出现亏损的情况。有了这样一次惨痛的经历，迈克尔·戴尔痛定思痛，决心对企业进行精细化管理，他请来了贝恩管理咨询公司对戴尔进行改革。该公司帮助戴尔建立了一套精密分析运营状态的系统，使得公司从粗放式管理逐渐转向精细化管理。1996年，为戴尔提供咨询服务的凯文·罗林斯被迈克尔·戴尔从贝恩管理咨询公司请到了戴尔公司担任战略副总裁，后来又担任了首席运营官，直到2004年担任CEO。凯文·罗林斯来到戴尔之后，把数据作为管理的基础，运用分析方法和量化管理方法，最终把戴尔打造成一个数量化管理的典范。

迈克尔·戴尔曾说过："数据和资料是带动我们正确前进的引擎。"从那时起，他终于找到了戴尔公司管理步入正轨的感觉，他曾感慨"回想起来还很难相信，但我们的确已从一个万事不分的公司逐渐发展成为一个在检验损益表时，拥有超过400种不同分析法的公司"。正是在企业内部实现快速信息统计和透明度，如同业务雷达，无时无刻不在对业务各个细节上的数字和趋势变化做出鲜活显示。明确的制度与考量方式，使戴尔的每一级别领导者一眼就能看出哪一个项目运营不佳，进而视情况考虑需要改变的策略。

很多人分析戴尔成功的经验时，都认为是直销业务模式让戴尔持续高速发展。其后也出现过不少采用直销业务模式的电脑企业，在我国也有人复制戴尔的直销业务模式，但都没有获得成功。因为单纯的直销业务模式只在戴尔最开始成长的阶段起到了一定的作用，而在戴尔发展到10亿美元以上的规模时，将事实和数据作为所有事情核心的文化显示了管理复杂业务的价值，并成为戴尔管理文化中最重要的一个部分。这种依据事实做判断的方式，影响了在戴尔工作的每一个人。

每天早上，一个经理至少要看5份报表，并从报表中找出业务的方向、发现潜在的问题。通过数据来观察业务，而不能凭感觉，已经成为戴尔管理者的潜在思维。在讨论业务时，经理们最常说的话就是"给我数据！"。

一名曾在戴尔工作过的员工后来到一家外地公司做副总经理，公司里有一个员工总是自视为公司贡献颇多。但这名副总经理却用自己在戴尔工作的经验，对这名下属的所有业绩数据进行了各角度分析，证明了他的业绩事实上并没有他声称的那么多。在一次会议上，这位副总经理逐一演示了他做的数字分析文件，确凿的数字令那个员工当即无话可说。

对于企业的发展和变革，戴尔也是持科学的态度。"戴尔公司每一个雄心勃勃富于挑战性的发展规划，都是建立在全面的数据和事实的分析之上。"凯文·罗林斯2009年在访问中国时讲到了这句话。在进入中国市场之前,戴尔就曾经依据数字和资料进行了两年多的研究。凯文·罗林斯说:"我们的研究包括市场趋势,产品线的经济效益和利润获得方式,总的市场价值多大,我们的方式能节省多少钱,以及客户是否会在乎这些价值、利润、亏损情况等。"

戴尔的很多竞争对手都在分析和效仿戴尔的运营模式,学习其高效运作的方式,但成功的并不多,因为戴尔成功的关键在于自己 20 多年来不断积累进化的魔鬼细节。这就是戴尔公司的秘密武器,戴尔人自称"可以在奔跑中为自己做手术",他们从不放弃任何一个值得改进的细节。所以,即使戴尔面临着这样或那样的问题,但他们始终在内部不断进行着自我调整。正是依靠"秘密武器",戴尔这个看上去已非常资深,而实际上只有 30 年历史的企业,还在向他们一直所期待的目标——"伟大的公司"一步步迈进。

第六章 大智移云对企业财务管理的影响

第一节 大智移云对企业竞争优势的影响

一、竞争战略是否过时

(一) 竞争战略的概念

企业的战略管理主要是通过对企业及社会市场的变化进行管理来实现的。企业的战略管理者往往也是不断寻找和发现变化的人,他不仅需要寻找变化,还需要能够快速适应这种变化,并且不断地告诫企业中的所有人这样一个理念:变化是必然的,不可避免并且时刻存在。从 20 世纪初,西方的战略管理研究领域就已经开始了对企业战略变化问题以及由其引起的企业组织变化问题展开了细致深入的研究,它们始终是战略管理领域中的研究热点。在大智移云时代背景下,社会的需求、经济市场可谓是瞬息万变的,竞争日益激烈,在这样的发展现状面前,加强对企业战略管理变化的研究就显得十分重要和必要了。

以竞争为本的战略思维的产生,源于 20 世纪 80 年代以迈克尔·波特教授为代表的学者提出的竞争战略理论。迈克尔·波特基于影响企业的五种作用力的假设,即新进入者的威胁、供应商的议价能力、替代品或服务的威胁、客户的议价实力,以及产业内既有厂商的竞争,提出了三种竞争优势模型,包括成本领先、差异化和目标聚集。在该理论的指导下,竞争成为企业战略思维的出发点。竞争战略理论认为,行业的盈利潜力决定了企业的盈利水平,而决定行业盈利潜力的是行业的竞争强度和行业背后的结构性因素。因此,产业结构分析是建立竞争战略的基础,理解产业结构永远是战略分析的起点。企业在战略制定时,重点分析的是产业特点和结构,特别是通过深入分析潜在进入者、替代品威胁、产业内部竞争强度、供应商讨价还价能力、顾客能力这五种竞争力量,来识别、评价和选择适合的竞争战略,如低成本、差异化和集中化竞争战略。在这种战略理论的指引下,企业决策者认为企业成功的关键在于选择发展前景良好的行业的战略思维。

（二）大智移云时代的商业生态

传统的企业战略管理模式是一个解决问题的正向思维模式，先发现问题再通过分析，找到因果关系来解决。但是，大智移云环境下企业战略管理模式则不同，其是按收集数据、量化分析、找出相互关系、提出优化方案的顺序进行的。它是一个使企业从优秀到质的飞跃的积极思维模式，是战略层次的提高。

大智移云环境中基于互联网的连接、海量数据的存储和云计算平台的融合，使得商业生态系统在数据获取、传递、处理、共享和应用方面，更加频繁与便利，更有助于知识溢出和协同创新。对企业战略决策而言，不仅要适应系统内环境，参与系统内开放性竞争，而且还要进一步影响和改变环境。大智移云环境中商业生态系统的企业实体网络与虚拟网络相融合，随着数据与交易网络效应的放大，促进数据量和用户数量的迭代增加，实现资源共享和优势互补，进一步强化商业生态系统的盈利模式和可持续发展。

1. 市场洞察的实时与精准

大智移云的实时处理与反映已经覆盖商业生态系统各个链条的各个节点，在既竞争又协同的非线性相互作用下，对于某一方所产生的任何需求及供给都能及时地做出反应，实时并精准地洞察市场的需求和用户的变化，指导企业提升产品与服务创新速度，缩短产品生命周期，基于个性化和差异化数据实现目标市场的细分，与行业耦合。

2. 企业运作的竞合与协同

商业生态系统内企业边界、行业边界愈发模糊并几乎融合，开放性也更加明显。大智移云背景下，以互联网和电子商务为平台的企业合作伙伴选择范围更广，商业生态系统的成员结构具有动态性，其合作关系表现为非线性的网络化企业运作，一方面体现在传统的大规模企业群体以原有的供应链为基础，向网络生态价值链转变，企业间分工协作、互利共生；另一方面体现在基于协同商务模式构建企业间的密切合作关系，使地域上异地分布、结构上平等独立的多个企业共同组成动态的"虚拟企业"或"企业联盟"。大智移云环境下深入剖析商业生态系统新型企业间协同组织形式和运作机制，可实现商业生态系统资源的优化、动态组合与共享。

3. 社会公众的互动与反馈

大智移云背景下商业生态系统各成员之间竞合关系的非线性作用更加具有不确定性，其网络结构也更具脆弱性，以用户参与为核心要素的创新模式对商业生态系统涨落的冲击力更大。大智移云环境中海量数据主要来源于由互联网用户自主创造的信息和数据，新的产品或服务从最初的创意设计、生产制造、质量保证、营销策划、销售等环节都会注重公众的参与、互动和反馈，从而促进产品与服务的持续改进与迭代创新，实现企业与社会化群体的和谐一致与共同发展，全面摒弃传统的"闭门造车"管理模式，进而推动商业生态系统的持续优化和协同发展。

二、大智移云对企业核心竞争力的挑战

（一）核心竞争力的要求

大智移云时代，企业大数据和云计算战略将成为第四种企业竞争战略，并且企业大数据和云计算战略将对传统的企业三大竞争战略产生重要影响。企业管理者要对大智移云和云计算高度重视，把其提高到企业基本竞争战略层面，企业大数据和云计算战略可以作为企业基本战略进行设计。因此，数据竞争已经成为企业提升核心竞争力的利器。来自各个方面零碎的庞大数据融合在一起，可以构建出企业竞争的全景图，使企业可以洞察到竞争环境和竞争对手的细微变化，从而快速响应，制定有效竞争策略。

企业传统的竞争力包括人才竞争力、决策竞争力、组织竞争力、员工竞争力、文化竞争力和品牌竞争力等。在大智移云时代，数据正在逐步取代人才成为企业的核心竞争力，数据和信息作为资本取代人力资源成为企业最重要的具有智能化的载体。这些能够被企业随时获取和充分利用的信息和数据，可以引导企业对其业务流程进行优化和再造，帮助企业做出科学的决策，提高企业管理水平。

根据对互联网数据中心（IDC）和麦肯锡的大数据研究结果的总结，大数据主要在以下四个方面挖掘出巨大的商业价值。

（1）对顾客群体细分，然后对每个群体量体裁衣地采取独特的行动。

（2）运用大数据模拟实境，发掘新的需求和提高投入的回报率。

（3）提高大数据成果在各相关部门的分享程度，提高整个管理链条和产业链条的投入回报率。

（4）进行商业模式、产品和服务的创新。

可见，大智移云给企业核心竞争力带来了挑战，对数据的收集、分析和共享带来了影响，为企业提供了一种全新的数据分析方法，数据正成为企业最重要的资本之一，而数据分析能力正成为企业赢得市场的核心竞争力。因此，企业必须把数据的处理、分析和有效利用作为新常态下打造企业核心竞争力的重要战略。

（二）产业融合与演化

企业运用财务战略加强对企业财务资源的支配、管理，从而实现企业效益最大化的目标。其中，最终的目标是提高财务能力，以获取在使用财务资源、协调财务关系与处理财务危机过程中超出竞争对手的有利条件，主要包括以下条件或能力。

（1）创建财务制度的能力、财务管理创新能力和发展能力、财务危机识别的能力等。

（2）通过财务战略的实施，提高企业的财务能力，并促进企业总体战略的支持能力，加强企业核心的竞争力。

伴随着大智移云时代的到来，产业融合与细分协同演化的趋势日益呈现。一方面，传

统上认为不相干的行业之间，通过大智移云技术有了内在关联，以及对大智移云的挖掘和应用，促进了行业间的融合。另一方面，大智移云时代，企业与外界之间的交互变得更加密切和频繁，企业竞争变得异常激烈，广泛而清晰地对数据进行挖掘和细分，找到企业在垂直业务领域的机会，已经成为企业脱颖而出形成竞争优势的重要方式。在大智移云时代，产业环境发生深刻变革，改变了企业对外部资源需求的内容和方式，同时也变革了价值创造、价值传递的方式和路径。因此，企业需要对行业结构，即潜在竞争者、供应商、替代品、顾客、行业内部竞争等力量，进行重新审视，进而制定适应大智移云时代的竞争战略。

（三）数据资源的重要性

大智移云时代，数据成为一种新的自然资源。对企业来说，加入竞争激烈的"大智移云之战"是迫切的，也是产出丰厚的。但是数据如同原材料，需要经过一系列的产品化和市场化过程，才能转化为普惠大众的产品。企业利用大智移云技术的目的是增强企业决策管理的科学性，实质是新形势下人机结合的企业战略决策系统。通过企业内部决策系统的采集、分析、筛选、服务、协调与控制等功能，判断企业及所在行业的发展趋势，跟踪市场及客户的非连续性变化，分析自身及竞争对手的能力和动向，充分利用大智移云技术整合企业的决策资源，通过制定、实施科学的决策制度或决策方法，制定出较为科学的企业决策，保证企业各部门的协调运作，形成动态有序的合作机制。

另外，将企业的决策系统与企业外部的环境结合起来，有利于企业制定科学合理的经营决策，从而保持企业在市场上的竞争优势。毫无疑问，大智移云的市场前景广阔，对各行各业的贡献也将是巨大的。目前来看，大智移云技术能否达到预期的效果，关键在于能否找到适合信息社会需求的应用模式。无论是在竞争的过程中还是在合作的过程中，如果没有切实的应用，大智移云于企业而言依然只是海市蜃楼，只有找到适合的商业运营模式，大智移云产业才能可持续发展。

（四）企业不同生命周期中的财务战略与核心竞争力的关系

要提高企业核心竞争力就要处理好资源的来源与配置问题，其中资源主要指的就是财务资源，因此，财务战略的制定对企业核心竞争力的提升起到了重要的推动作用。

1. 企业竞争力形成的初期采取集中的财务战略

企业在竞争力形成的初期，已经具备了初步可以识别的竞争力，在这一时期企业自己的创新能力弱而且价值低，企业可以创造的利润少而且经营的风险比较大。同时，在这个阶段对市场扩展的需求紧迫，需要大量的资金支持。在这个时期由于企业的信誉度不够高，对外的集资能力差，所以在这一阶段企业可以采用集中财务的发展战略，即通过集中企业内部资源扩大对市场的占有率，为企业以后核心竞争力的发展提供基础。在资金筹集方面，企业应实行低负债的集资战略，由于企业这个阶段的资金主要来源于企业内部以私人资金为主，因此在这一时期最好的融资办法是企业内部的融资。在投资方面，企业为了降低经营风险,要采用内含发展型的投资策略,挖掘出企业内部实力,提高对现有资金的使用效率。这种集中财务的发展战略重视企业内部资源的开发,所以可以在一定程度上减少企业经营的风险。在盈利的分配方面,企业最好不实行盈利的分配政策,把盈利的资金投入到市场开发中来,充实企业内部的资本,为企业核心竞争力提升准备好充足的物质基础。

2. 企业在核心竞争力发展阶段采用扩张财务的战略

企业核心竞争力成熟、发展的阶段,由于此时核心竞争力开始趋于稳定并且具有一定的持久性,这个时候企业除了要投入需要交易的成本之外,还要特别注意对企业知识与资源的保护的投入。在这一时期,企业要利用好自己的核心竞争力并对其进行强化,在财务上要采用扩张财务的战略,实现企业资产扩张;在融资方面要实行高负债的集资战略;在投资方面采用一体化的投资;在盈利分配方面实行低盈利的分配政策,来提高企业整体影响力。

3. 企业在核心竞争力稳定的阶段采用稳健的财务战略

企业在这一阶段要开始实施对资源的战略转移,采取稳健的财务战略来分散财务的风险,实现企业资产的平稳扩张。在该阶段,企业可采取适当的负债集资法,因为此时企业有了比较稳定的盈利资金积累,所以在发展时可以很好地运用这些资金,以减轻企业的利息负担。在投资方面,企业要采取多元化的投资策略,在盈利的分配方面可以实施稳定增长的盈利分配法。企业的综合实力开始显著加强,资金的积累也达到了一定的数值,拥有了较强的支付能力,所以企业可以采用稳定增长的股份制分红政策。

三、大智移云时代企业竞争优势的演化方向

(一)对企业内外部环境的影响

大智移云已经渗透到各个行业和业务职能领域,成为重要的生产因素,大智移云的演进与生产力的提高有着直接的关系。随着互联网的发展,数据也将迎来爆发式增长,这就要求企业要快速获取、处理、分析海量和多样化的交易数据、交互数据与传感数据,从而实现信息最大价值化,对大智移云的利用将成为企业提高核心竞争力和抢占市场先机的关键。大智移云因其巨大的商业价值正在成为推动信息产业变革的新引擎,大智移云将使新产品的研发、设计、生产及工艺测试改良等流程发生革命性变化,从而大幅提升企业研制生产效率。对于传统服务业,大智移云已成为金融、电子商务等行业背后的金矿。大智移云不仅是传统产业升级的助推器,也是孕育新兴产业的催化剂。数据已成为和矿物、化学元素一样的原始材料,未来大智移云将与制造业、文化创意等传统产业深度融合,进而衍生出数据服务、数据化学、数据材料、数据制药、数据探矿等一系列战略性新兴产业。

（二）获取竞争情报的新平台

大智移云环境具有典型的开放性特点，企业利用大智移云能够极大限度地突破时间和空间的束缚，为企业的发展创建更高的平台。同时，企业经营环境的随机性与变动性不断增强，企业经营模式也应不断随之进行调整，只有做到与外部大环境的发展同步，才能使企业在竞争中站稳脚跟。

大智移云的应用为企业的决策提供了客观的数据支持，企业决策不再单单依托管理者的思想和经验，而是更多地依托于完善的数据体系，从而提高了企业决策的准确性，为企业的发展战略指明了道路，增强了企业的竞争力，扩大了企业的可持续发展空间。

在大智移云时代，企业的关键情报主要来源于以下两个大的方面。一方面，来源于网络渠道。企业可以利用免费或者付费的方法，获取包含竞争信息、客户数据、政策读取等数据信息。其中竞争信息指的是，可以利用电商网站得到同行竞争对手的产品、售价与营销方式，利用新闻媒体活动、公开的企业专利栏、企业数据库实时了解竞争对手的状态；客户数据指可以利用电商网站、内在门户获取消费者在网络或是移动客户端之间反馈的意见与评论；政策读取指可以利用国务院所有部委的公告、所有地方政府发布的产业政策信息、地方上的规划准则、所有地方产业园的信息开采机会渠道，利用渠道直接获得更加系统的情报信息。另一方面，来源于自身渠道。企业可以利用内部的信息系统、门户网站或网页、客服系统来分析开采出自身的数据信息。针对自身的核心业务，考虑数据的安全性，应该运转在企业自己的平台上，给集团与各级公司带来一致运转环境，尽可能不让各层下级机构在基础设备上进行投入。

（三）实践中的创新尝试

大智移云，可以说是史上第一次将各行各业的用户、方案提供商、服务商、运营商，以及整个生态链上游的厂商，融入一个大的环境中。无论是企业级市场还是消费级市场，抑或政府公共服务，都开始使用大智移云这一工具。以企业供应链为例，通过大智移云运营可以实现供应商平台、仓储库存、配送和物流、交易系统、数据分析系统等供应链的全环节整合与优化，实现数据统一管理、全面共享，最终达到对供应链管理的创新。IBM对全球多位经济学家调查显示，全球每年因传统供应链低效的损失相当于全球GDP的28%。

零售企业基于大智移云的智慧商务平台，可以根据顾客购物行为模型进行订单化采购与销售，合理进行线上线下配送、交易，实现库存管理动态分析预警，同时能保证库存、价格信息的动态实时更新。零售企业百思买的经验值得借鉴，其通过建立集成多个订单管理模块的单一平台，能够对客户引流、选择、购买、支付、提货和服务等零售购买的各环节在线上线下任意组合，通过后台系统各环节数据的打通与共享也极大节约了成本，并提高了库存的准确性和服务水平，最终提升了客户全渠道购买体验。

第二节 大智移云对企业财务决策的影响

一、大智移云时代下数据质量的保证

（一）管理环境的挑战

大智移云时代下，每个个体都是数据的生产者，企业的任何一项业务活动都可以用数据来表示。如何保证大智移云的质量，如何建模、提取并利用隐藏在大智移云中的信息，从数据收集、数据存储到数据使用，企业必须制定详细、缜密的数据质量管理制度，在数据库设计时要考虑大智移云在各个方面可能发生的种种意外情形，利用专门的数据提取和分析工具，任命专业的数据管理人才加强对大智移云的管理，提高员工的数据质量意识，以保证大智移云的数据质量，从而挖掘出更多准确、有效、有价值的信息。

在云计算的基础上，大智移云环境对企业的信息收集方式、决策方案制定，以及方案选择与评估等内容具有一定的影响，从而进一步影响企业管理决策内容。基于研究内容以及研究现状表明，我国当前企业在发展过程中，运用数据驱动的企业，其财务状况良好。大智移云当中的数据内容具备先进性特点，对知识经济各项生产要素的发展具有重要作用。大智移云的运用已经成为企业实现现代化发展的重要因素，大智移云为企业管理决策方面的内容提供了新环境。

（二）流程视角的挑战

从流程的角度，即从数据生命周期角度来看，可以将数据生产过程分为数据收集、数据存储和数据使用三个阶段，这对保证大智移云数据质量分别提出了不同的挑战。

首先，在数据收集方面，数据来源的复杂性决定了数据的多样性。大智移云的数据来源众多，数据结构随着数据来源的不同而各异，企业要想保证从多个数据源获取的结构复杂的数据的质量，并有效地对数据进行整合，是一项异常艰巨的任务。来自大量不同数据源的数据之间存在着冲突、不一致或相互矛盾的现象，在数据量较小的情形下，通过编写简单的匹配程序，甚至是人工查找，即可实现多数据源中不一致数据的检测和定位，然而这种方法在大智移云情形下却显得力不从心。另外，由于大智移云数据的更新速度较快，有些数据的"有效期"非常短，如果企业没有实时地收集所需的数据，有可能收集到的就是"过期的"、无效的数据，在一定程度上会影响数据的质量。数据收集阶段是整个数据生命周期的开始，这个阶段的数据质量对后续阶段的数据质量起着直接的、决定性的影响。因此，企业应该重视源头上的大智移云数据质量问题，为大智移云的分析和应用提供高质量的数据基础。

其次，在数据存储阶段，由于大智移云数据的多样性，单一的数据结构（如关系型数据库中的二维表结构）已经远远不能满足大智移云存储的需要，企业应该使用专门的数据库技术和专用的数据存储设备进行大智移云的存储，保证数据存储的有效性。据调查，目前国内大部分企业的业务运营数据仍以结构化数据为主，主要采用传统的数据存储架构，如采用关系型数据库进行数据的存储，对于非结构化数据，则是先将其转化为结构化数据后再进行存储、处理及分析。这种数据存储处理方式不仅无法应对大智移云数据数量庞大、结构复杂、变化速度快等特点，而且一旦转化方式不当，将会直接影响数据的完整性、有效性与准确性等。数据存储是实现高水平数据质量的基本保障，如果数据不能被一致、完整、有效地存储，数据质量将无从谈起。因此，企业要想充分挖掘大智移云的核心价值，必须完成传统的结构化数据存储处理方式向同时兼具结构化与非结构化数据存储处理方式的转变，不断完善大智移云环境下企业数据库的建设，为保证大数据质量提供基础保障。

最后，在数据使用阶段，数据价值的发挥在于对数据的有效分析和应用，大智移云涉及的使用人员众多，很多时候是同步地、不断地对数据进行提取、分析、更新和使用，任何一个环节出现问题，都将严重影响企业系统中的大数据质量和最终决策的准确性。数据及时性也是大数据质量的一个重要方面，如果企业不能快速地进行数据分析，不能从数据中及时提取有用的信息，就会丧失预先占领市场的先机。

（三）技术视角的挑战

技术视角主要指从数据库技术、数据质量检测识别技术、数据分析技术的角度来研究保证大数据质量的挑战及其重要性。大智移云及其相关分析技术的应用能够为企业提供更加准确的预测信息、更好的决策基础以及更精准的干预政策，如果大智移云的数据质量不高，所有这些优势都将化为泡影。

在数据规模较小的情况下，关系型数据库就能满足企业数据存储的需要，一般企业信息系统数据库中的记录通常会有几千条或上万条，规模稍大的企业，其数据记录有几十万条之多，在这种情况下，检测数据库中错误、缺失、无效、延迟的数据非常容易，几分钟甚至几秒钟就能完成对所有记录的扫描和检测。然而在大智移云时代，企业的数据量不仅巨大，而且数据种类繁多，不仅仅有简单的、结构化的数据，更多的则是复杂的、非结构化的数据，而且数据之间的关系较为复杂，若要识别、检测大数据中错误、缺失、无效、延迟的数据，往往需要数百万甚至数亿条记录或语句，传统的技术和方法常常需要几小时甚至几天的时间才能完成对所有数据的扫描与检测。

从这个角度来讲，大智移云环境为数据质量的监测和管理带来了巨大的挑战。这种情况下，传统的数据库技术、数据挖掘工具和数据清洗技术在处理速度和分析能力上已经无法应对大智移云时代所带来的挑战，处理小规模数据质量问题的检测工具已经不能胜任大智移云环境下数据质量问题的检测和识别任务，这就要求企业应根据实际业务的需要，在配备高端的数据存储设备的同时，开发、设计或引进先进的、智能化的、专业的大智移云分析技术和方法，以实现大智移云中数据质量问题的检测与识别，以及对大智移云数据的整合、分析、可视化等操作，充分提取、挖掘大智移云潜在的应用价值。

（四）管理视角的挑战

管理视角主要探讨企业高层管理者、专业管理人员对保证大智移云数据质量的重要性。

首先，大智移云的管理需要企业高层管理者的重视和支持。只有得到了企业高层管理者的高度重视，一系列与大智移云有关的应用及发展规划才能有望得到推动，大智移云数据质量的各项规章制度才能得到顺利的贯彻和落实。缺少高层管理者的支持，企业对大智移云管理、分析和应用的重视程度就会有所降低，大智移云数据的质量就无法得到全面、有效的保证，从而将会大大弱化大智移云价值的发挥，不利于企业竞争能力的提升。因此，企业应该在高层管理者的领导和带领下，加强大智移云数据质量意识，建立完善的数据质量保证制度。

其次，专业管理人员的配备是保证大智移云数据质量不可或缺的部分。由于大智移云本身的复杂性增加了大智移云管理的难度，既懂得数据分析技术，又谙熟企业各项业务的新型复合型管理人员是当下企业应用大智移云方案最急需的人才，而首席数据官（CDO）就是这类人才的典型代表。CDO 是有效管理企业大智移云、保证大智移云数据质量的中坚力量。企业要想充分运用大智移云方案，任命 CDO 来专门负责大智移云所有权管理、定义元数据标准、制定并实施大智移云管理决策等一系列活动是十分必要的。

CDO 的缺失是国内数据管理方式落后的直接体现，而落后的数据管理方式是影响大智移云应用、阻碍大智移云数据质量提升的重要因素之一。传统的数据管理方式已经远远不能满足大智移云环境下对数据质量的要求。以往大部分企业在运营过程中均由业务部门负责掌管数据，IT 部门负责信息技术的应用，这种分离式的运营管理方式容易造成业务人员不了解分析不同数据所需的不同 IT 工具，而 IT 人员在运用 IT 技术分析数据时不了解数据本身的内涵，甚至会做出错误的数据解释，影响企业决策的准确性和有效性。

为此，企业应该对组织架构体系及其资源配置进行重组，让数据管理与分析部门处于企业的上游位置，而设立 CDO 便是企业重组的成功标志之一。

大智移云环境下，还应配备专业、高端的数据库设计和开发人员、程序员、数学和统计学家，在全面保证大智移云数据质量的同时，充分挖掘大智移云潜在的商业价值。此外，在大智移云数据生产过程的任何一个环节，企业都应该配备相应的专业数据管理人员，通过熟悉掌握数据的产生流程进行数据质量的监测和控制，如在数据获取阶段，应指定专门人员负责记录定义并记录元数据，以便于数据的解释，保证企业全体人员对数据的一致、正确理解，保证大智移云源头的数据质量。

二、大智移云对企业管理决策的影响

（一）大智移云环境下的数据及知识管理

1. 大智移云的数据管理

在大智移云环境下，企业管理决策内容的技术含量以及知识含量得到丰富，数据已经成为企业管理决策的重要内容。有效地对数据质量以及数据内容进行管理，对企业发展具有重要作用。一旦企业不重视数据内容的处理与存储，将造成大量数据内容流失，严重影响企业通过数据分析当前市场环境，甚至使企业市场竞争力下降。

传统上，我们认为会计的基本职能是核算与监督。企业中会计人员的主要职能和精力放在了会计单据的审核、记账、报告、归档等基础工作上。这种格局在大智移云时代将发生也正在发生着变化，会计由"核算财务"向"价值提升"转化。大智移云的数据管理过于烦琐，需要对整体的解决方案进行筛选、抽取与集成，以保证大智移云数据处理的质量与可靠性。在此基础上需对各项信息及内容进行总结，数据的产生与处理需要满足企业的根本性需求，企业应将数据实时分析的内容作为处理核心内容，发现实时数据的具体作用。在这一层面上，实时数据的及时处理则需要予以充分重视，数据之间的关系内容呈现出关联性特点。大智移云的出现，使得数据之间的各项内容呈现出关联性特点，转变了传统的因果关系体系。这种转变，使得大智移云能够实现信息挖掘，提升信息的可靠性，发现大数据的具体价值。

2. 大数据的知识管理

基于知识管理的角度进行分析，数据当中蕴含着大量知识内容，同时其也是影响决策内容的重要因素。在大智移云时代下，企业要想获取管理决策方面的知识内容，需要对各项数据进行挖掘，从而获得丰富的知识体系。通过上述各项分析内容得知，数据管理与知识管理在一定程度上能够体现企业对大数据的应用状况，保证两方面的协调发展，可使企业在运用大数据的过程中深入挖掘其中内涵，更新企业发展模式，提升企业综合竞争力。

大智移云时代，以知识为核心要素的企业创新速度更快、产品生命周期更短；以互联网和电子商务为平台的合作伙伴选择范围更广，企业生态系统的成员结构呈现出一定的动态性；以知识共享和流程优化的生态系统成员合作关系，表现为非线性的竞合关系；以差异化数据为导向的市场细分与行业耦合更趋偶然性。这些非平衡态因素促进了企业生态系统内外的信息、资源、能量等要素的流动，有助于产生自组织现象，以知识为核心要素的技术创新对企业生态系统涨落的冲击力更大。因此，有价值的数据是企业制定战略决策、进行技术创新、挖掘顾客需求的指南针，也是改变企业生态系统的有序结构以及形成企业生态系统耗散结构的触发器，促使企业生态系统偏离原有的稳定状态，进入新的稳定状态。

（二）对管理决策参与者的影响

1. 凸显数据分析师的价值

在大智移云环境下，数据分析师在企业管理决策的具体参与中呈现出重要的作用。数据分析师能够运用统计分析以及分布式处理等各项执行手段，在大量数据的基础上对整个业务操作进行有效的整合，通过易于传达的方式将信息传递给决策者。但由于数据分析师人才的大量欠缺，需要多年的培养，在这方面存在一定不足。大智移云的出现改变了长期以来单纯依靠经验，以及自身具备的知识水平与决策能力的决策形式，直觉的判断方式也让位于精准的数据分析内容，使得决策者的自身职能发生了相应的变化。基于企业内部的高层管理人员进行分析，由于传统企业生产经营过程中对于数据方面的应用较为欠缺，并且收集的数据缺乏全面性的特点，高层管理者只能凭借自身的经验进行决策内容的制定与决策判断。

大智移云的出现，能够基于数据的基础分析之上，从事实角度出发，结合管理者的管理经验，提高决策的准确性。对于企业的一般管理者与员工，大智移云能够为其提供决策所需要的信息内容，以提升其决策能力和决策水平，使决策内容更加倾向于企业的员工。

互联网信息时代，科技水平的发展正在促进各个领域之间的融合，使得产业界限逐渐模糊，社会化的决策内容正在崛起。因此，多元化的大环境更加突出，决策来源呈现出广泛的发展趋势，全员参与的管理决策方式也已经被广泛关注。

2. 创新以大智移云为基础的关键业务和活动流程

大智移云背景下，企业生态系统的主体、资源、结构、价值、边界网络等要素在不断地进行动态演化和重构，创新以大智移云为基础的关键业务和活动流程是企业生态系统获取竞争优势的动力源泉。创新以大智移云为基础的关键业务和活动流程主要包括以下内容。

（1）基于大智移云的流程优化、提高业务流程的处理效率，如物流企业通过对合作伙伴多方面数据的分析，找出企业物流配送的最优运输模式和路线，提高物流配送效率。

（2）应用大智移云作为企业活动的重要资源，创新企业生态系统的价值活动，如玩具制造企业，通过挖掘企业生态系统中合作伙伴的交易数据、客户购买行为数据、产品质量数据等关键资源，改进产品的设计和性能，创造企业新的价值增长点。

（3）以大智移云活动取代企业传统的业务和流程，形成企业生态系统新的经营方式和合作模式，如沃尔玛和宝洁公司，通过对商业数据进行分析形成联合库存管理，改变了传统的库存管理的业务类型和活动流程。

（三）对管理决策组织的影响

1. 重构决策权

大智移云之下的全员参与内容，使得企业决策中的参与决策内容发生转变，对决策权的内容进行重新分配，严重影响企业的决策组织和决策文化。对于企业管理决策组织方面进行分析，主要包含两方面：一方面为集中决策与分散决策的选择；另一方面为决策权的分配问题。

基于集中决策与分散决策的内容进行分析，从组织理论层面来看，可预测的环境对于企业的组织过程施加的影响较小，有利于企业形成集中分层的决策结构，在不可预知的环境中，分散决策对于管理决策具有重要的指导作用。在动态变化的环境下，分散决策更能够发挥出集中决策所不能发挥的作用，为企业管理决策制定提供便利。

除此之外，企业组织结构还在一定程度上受到知识分布以及知识转移成本方面的影响，一旦企业内部的高层领导者处于集中状态，就需要通过集中决策对管理决策内容进行制定。

基于决策权的具体分配进行分析，企业在市场经济竞争中不具备优势的主要原因是没有将具体决策权分配给个人，并未准确评估个人的基本因素，严重影响管理决策内容制定的质量。员工在企业生产经营过程中所掌握的各项技能以及基本的信息量越多，理论上决策权应该越大。知识与权力内容在协调性方面的匹配程度越高，则说明各项管理决策指标方面的内容越好。信息技术与网络技术在现代的发展，使得基于金字塔型的传统管理组织模式，已经逐渐转向人本思想管理内容和扁平化组织模式。

在大智移云的发展环境下，企业的内部基层员工也能够掌握相应的主动权内容，使得扁平化的发展趋势更加明显，决策分配顺应相应变化。在企业管理决策制定的过程中，有效地吸纳管理决策当中包含的各方面的内容，探索大智移云环境下组织结构的建设措施。

2. 重塑企业文化

企业的管理决策文化在大智移云的发展过程中受到了一定冲击。但需要注意的是，大智移云时代并不是运用大智移云去得到具体内容，而是通过应用大智移云知道哪些内容。将大智移云运用在企业管理决策方面，可有效地转变思想观念，遇到重大决策时，需要对数据内容进行收集与分析，保证决策的准确性，在思想转变的同时提升对数据运用的具体执行能力，企业内部的管理人员需要通过数据促进企业内部管理策略文化的形成，并基于具体数据做出合理分析，优化内部文化的管理决策过程。在企业发展过程中，企业管理人员可应用大智移云改善内部管理决策方面的环境，在大智移云的基础上对整体企业文化制度以及各方面内容进行创新，提升决策的客观性。

企业从海量的大智移云数据中要挖掘出对企业决策有参考价值的数据，需要经历发现、提取、加工、创新等一系列复杂过程，同时需要企业全体成员参与数据的管理和控制，形成以数据为支持的决策导向。这就需要完善企业生态系统的数据处理制度，形成重视数据处理与应用的企业生态系统文化，主要措施包括建立数据收集和处理的制度文化，如数据收集、存储制度，数据传递、共享制度，保障数据安全制度等。建立起企业员工对数据处理和应用的理念，通过员工技能培训、学习、讨论、考核等方式深化企业员工对数据开发和应用的意识，让企业生态系统全体成员普遍接受以数据应用为核心的工作方式。在企业生态系统成员之间建立行之有效的知识激励机制，包括知识明晰机制、知识绩效机制、知识奖惩机制，以形成特有的、规模化的、不断创新的知识资产，建设重视大智移云处理和应用的企业生态系统文化。

三、大智移云时代下的企业决策管理

（一）大智移云时代下企业决策管理的困境

1. 环境更加复杂

大智移云一方面为企业决策管理提供了更为广阔的空间，在企业决策过程中，提供更多的决策信息来源；另一方面，企业面临的决策环境变化速度越来越快，各种与企业相关的数据信息，特别是偶发事件导致数据的不断产生、传播与储存，从客观上要求企业通过云计算平台尽快实现数据的集中整合，构建高度集成的企业决策管理系统，充分挖掘、采集、分析、储存形成的海量企业数据资产。因此，在大智移云环境下，错综复杂的环境因素影响着企业对决策信息的采集与分析、决策方案的制定与选择，从而影响着企业对大智移云的统一管理，客观上增加了决策者进行决策管理的难度。

2. 与企业决策相关的信息价值甄别难度大

大智移云时代，互联网上的数据呈现爆炸式增长的特征，人类每年产生的数据量已经从 TB 级别跃升为 PB、EB 乃至 ZB 级别。数据中所蕴含的信息量超越了一般企业管理者数据处理能力的范畴，不仅使处理信息的工作量加大，传统的数据管理和数据分析技术难以有效挖掘这些数据潜在的价值，导致判断该信息的价值困难程度加大，从而导致企业在进行决策时，判断、取舍和利用信息价值的难度增大。只有构建基于大智移云技术新型的、功能强大的企业管理决策系统，才能使企业可以更好地采集、甄别、分类、筛选有价值的数据，从而有利于企业决策更加科学化地制定。

3. 企业决策的程序滞后于市场变化

传统企业决策程序，一般都要通过长时间的搜集资料、调查研究、分析论证、方案选择与评估过程，由于决策程序的复杂很可能导致决策的滞后性，最终企业会错失发展的良机。大智移云时代，企业需要制定科学的决策，决策程序要高度简化，市场的激烈竞争要求企业能先他人而动，迅速做出决策，抢占市场制高点，在市场中占有一席之地，即企业未来的竞争主要就是基于大智移云的竞争。通过应用大智移云中的数据挖掘与分类整合功能，找出对企业决策有价值的参考数据，并迅速进行判断。

4. 企业决策的主体更加多元化

进入信息化工业时代，由于企业决策要求的技术化和知识化不断加强，以及数据的不断增多，不少专家、学者，甚至是技术人员也加入这个决策群中。随着企业决策主体的增加，决策智库成员的多样化与知识的多元化，在一定程度上，可以使企业决策中集体主观判断的失误率下降。为提高决策管理的科学化程度，企业级决策管理系统应尽快构建，以更广泛地应用大智移云中的数据采集、分析、筛选技术，形成科学的决策数据指标，更好地为管理决策服务。

5. 传统的企业决策方法有待创新

大智移云时代，企业决策的制定必须以决策数据为依据，大智移云研究不同于传统的逻辑推理研究，其要对数量巨大的数据做统计性的搜索、比较、聚类、分类等分析归纳，关注数据的相关性（或称关联性），通过构建大智移云支持的企业决策管理系统，在数量众多的数据中找出某种规律性与隐藏的相互关系网，一般用支持度、可信度、兴趣度等参数反映相关性。只要从数据挖掘中发现某种方法与增加企业利润有较强的相关性，就可能为企业决策管理提供战略支持。数据的相关性及其对于企业决策的重要性，从客观上要求企业管理者应顺应形势及时改进决策管理的方法。

（二）基于大智移云支持的企业决策管理系统的构建

1. 基于生态系统及其协同共生的决策创新

大智移云为现代企业的管理模式带来了深刻变革，使得企业可以整合产业生态链资源，进行产业模式创新；可以重塑企业与员工、供应商、客户、合作伙伴之间的关系进行企业管理创新；可以整合资源，创新协同价值链，提供新的产品与服务，打造新的商业模式。事实上，基于企业大智移云的新型企业管理理念和决策模式正在商务管理实践中涌现。现代企业将逐渐摒弃"以产品为中心"，注重微观层面的产品、营销、成本和竞争等要素的传统管理模式，转变为"以服务为中心"，注重宏观层面的资源、能力、协同发展、价值创造和产业链合作等要素所面向的"社会媒体—网民群体—企业群"三位一体、和谐共生的"企业网络生态系统"的新型管理模式。因此，结合社会媒体和网民群体产生的丰富的企业大智移云，研究企业群体的共生/竞争协同演化，建立可持续发展的企业网络生态系统，对于企业管理与决策具有重要意义，同时企业应重点关注基于社会化媒体的企业众包与协同发展、基于网络大智移云的企业生态系统建模、企业生态网络中的协调运作与分配机制等。

2. 大智移云支持的企业决策管理系统

在大智移云背景下，海量而复杂的数据对企业决策管理系统原有的技术体系结构提出了挑战，要求其具备更强的数据分析处理能力及数据驱动业务的能力。为了更好地利用大智移云技术，使其运用到企业决策管理中，需要构建新型的基于大智移云支持的企业决策管理系统，对企业原有的业务流程进行优化重组，对各类数据等进行整合。构建基于大智移云支持的企业决策管理系统，将之分为三个层面，即数据的获取层、数据的处理层及数据的应用层。数据获取层主要有四个来源，即访问数据、交易数据、网络数据和购买数据。数据的处理层又称为决策协调控制系统，分为五个子系统，分别是决策数据采集子系统、决策数据分析子系统、决策数据筛选子系统、决策数据服务子系统，以及协调控制子系统，其功能依次是数据采集、分析、筛选、服务和协调控制。数据的应用层是基于大智移云的企业经营策略，具体包括生产策略、营销策略、财务策略、运营策略、客服策略、公关策略。

四、大智移云对企业财务决策的影响

（一）对财务决策工具的影响

在市场经济条件下，企业间的竞争日趋激烈，高效的财务决策已经成为企业角逐的重要砝码。而正确的财务决策往往建立在有效的事实以及大量相关的数据分析基础之上，这对企业的软件技术提出更高的要求。但是，现阶段的企业会计电算化只是主要将手工做账变为电脑做账，真正会分析应用财务数据的电算化系统少之又少。当企业的财务决策人需要某些汇总的数据时，甚至还需要会计人员从电算化系统中先导出后再进行人工整合处理，无疑这直接影响企业的工作效率。在大智移云环境下，与企业决策相关的数据规模越来越大，类型日益增多，结构也趋于复杂。海量的数据意味着增加了有效使用数据的难度，因此，对企业信息智能化的要求越来越高，使得财务分析和决策系统也要做出改进。

（二）对财务决策参与者的影响

1. 更加有利于科学化的决策

传统模式下的财务决策人员往往习惯于借助自身经验来做出决策，但时代在进步，企业所处的决策环境也越来越复杂化，如果财务决策者还是一味地依赖于自身经验，恐怕无法适应市场发展要求。企业管理层必须借助数据挖掘等技术用"数据的眼光"发现和提出正确的问题，从问题出发，基于假设分析解决问题，将决策重心拉回到问题本身上来。大智移云分析系统能够运用其强大的数据挖掘技术进行信息汲取，再基于分析得出的财务信息对企业的未来业务进行合理预测。这样有效借助大智移云将企业的财务数据与非财务数据进行整合，避免了决策者单纯依靠自身经验决策而带来的风险。大智移云分析系统还会在决策人员提取信息时提供相关的辅助信息，使决策过程更加智能化，企业财务决策的效率也提高了许多。

2. 促进决策者与相关人员的信息交流

大智移云管理系统使企业各个部门间的信息交流更便捷和公开，企业一般管理者和员工也能很方便地获取与决策相关的信息。在此基础上，如果企业管理者能与一线员工并肩作战，集思广益，就会使决策的能力及质量大大提高。大智移云下的财务决策除了有利于企业内部的信息交流，也方便了企业与会计师事务所、工商部门和税务部门等利益相关部门之间的沟通。随着云计算技术的推广，企业为了更方便地利用云端平台，会将企业的运营数据存放在云端而不只是企业内部的服务器上。这给注册会计师的审计工作提供了便利，企业在运营过程中产生的财务数据和非财务数据也可实时接受工商和税务等政府部门的监管，有利于企业健康地发展。

3. 提高了财务管理人员的专业要求

随着大智移云技术的快速发展和日益成熟，企业在处理日常业务时会经常建立新的分析模型，这就对财务报告的及时性、财务管理人员对财务信息的数据挖掘能力等提出了更高的要求，企业财务管理人员要丰富自己的知识和提高自己的能力。财务管理人员不仅需要熟练掌握财会方面的专业知识，同时，还需要储备统计学、计算机科学等方面的知识，这样才能为提高数据可视化水平提供更加广泛的专业支持，所以大智移云时代的财务工作者，应当与时俱进，推动财务管理创新。

（三）对财务决策过程的影响

1. 在决策目标的制订方面

过去企业所有的管理决策都是依据自己的产品需要来制定的，而现在，则要以客户的需求为主，先采集客户的需求信息后再制定生产计划。就比如淘宝店的好评和差评机制，顾客对产品的好恶对企业产生了重要影响。大智移云系统能够基于这些整合、分析数据，对企业的财务现状进行总结，为企业未来的经营目标做出精准定位。

2. 在企业全面预算方面

市场充满了不确定性。因此，企业需要定期基于当前的生产经营情况对未来一定阶段进行计划安排。但是，目前许多企业的全面预算都是基于企业管理人的经验加上静态数据建立而成，缺乏应变性。由于抽样调查所抽取的样本容易受到主客观各种因素的干扰，大智移云弥补了抽样调查手段的不足，强化了数据分析结果的真实性。基于大智移云的商业分析能够建立在全部样本空间上面，能够准确完成企业业务的相关关系预测，有利于企业全面掌握客户信息以及产品反馈情况，帮助企业动态实施全面预算，应对市场的变化，真正有效地实现企业的个性化运营。

3. 在成本核算方面

成本核算是对企业经营数据进行加工处理的一个过程。企业财务人员会对一定时期内的生产经营费用进行核算，并根据生产情况分配费用，而只有从多渠道获取数据才能够实现成本的精准核算。透过大智移云技术，企业能够多渠道得到成本数据，并据其分析出符合实际需求的材料用量标准。在系统中实现对工资明细、进销存单据和制造费用等结构化和非结构化数据的共享，这样做能够使成本核算更加细化和精准，也有利于企业进行重点成本分析，最终实现成本的精准核算。

五、大智移云时代下的财务决策

（一）通过财务战略优化资源配置

1. 利用大智移云优化财务分析

要想更好地提升企业的财务管理能力，企业就必须进一步明确财务分析和大智移云的关系，统筹兼顾，实现资源的优化配置。众所周知，财务数据是企业最基本的数据之一，其积累量较大，其分析结果直接影响着企业财务管理的最终质量。因此，企业在进行决策分析时，必须坚持客观公正原则，以财务数据为基础，制定明确的分析指标和依据，以保证企业财务管理的平稳推进和运行。在进行财务分析时，财务管理人员应先查找和翻阅当期的管理费用明细，并将其与前一阶段的数据进行对比，找出二者之间的主要差异，从而找出管理费用的变化规律，最终得出变化原因。在进行原因分析时，财务管理人员可以建立一个多维度的核算项目模型，并在模型中做好变化标记。

在整个分析过程中，财务人员往往要花费大量时间用于管理费用的核算与验证，同时查找相关资料。在财务相关软件中，上述系列动作要切换不同的界面。而如果利用大智移云技术，只要通过鼠标的拖拽，就可以在短短几秒钟内分析出所有管理费用明细。对于企业的决策者而言，通过对财务信息的加工、搜集和深度分析，可以获得有价值的信息，促使决策更加科学、合理。

2. 利用大智移云加强财务信息化建设

大智移云可能对会计信息结构产生如下两个方面的影响。

（1）会计信息中非结构性数据所占的比例会不断提高。大智移云技术能够实现结构性和非结构性会计信息的融合，提供发现海量数据间相关关系的机会，并以定量的方式来描述、分析、评判企业的经营态势。因此，我们越来越有必要收集非结构化数据，并加以解读和理解。

（2）在特定条件下，对会计信息的精准性要求会降低。大智移云时代，会计信息的使用者有时可以接受非百分之百精确的数据或者非系统性错误数据，这可能会对会计信息的质量标准提出新的观察维度，会计人员需要在数据的容量与精确性之间权衡得失，是强调绝对的精准性，还是强调相关性。为此，在财务信息化的建设上，应做到以下两个方面。第一，在企业内部逐步建立完善的财务管理信息化制度。制度保障是企业信息化的第一步，因为信息化并不是一蹴而就的，只有从制度层面做出规定，才能保障信息化切实有效地推进。构建网络化平台，实现企业的实际情况和网络资源的有机结合，达到解决企业信息失真和不集成的目的。构建动态财务查询系统，实现财务数据在不同部门之间的迅速传递、处理、更新和反馈。第二，加强监管力度。发挥互联网的优势，利用信息化的手段实时监控各部门的资金使用情况，将资金的运行风险降到最低，使资金的使用效率最大化，同时要注意保障财务数据安全。

3. 构建科学的财务决策体系

为建立科学的大智移云财务决策体系，应注意以下两个方面。第一，要强化企业决策层对大智移云的认识。因为在传统决策中依靠经验获得成功的案例比比皆是，再加上大智移云需要投入大量的人力、物力，短期内很难给企业带来明显的效益提升，所以很多决策者认为企业财务决策与大智移云关系不大。这种认识是片面的，企业只有正视这种变化，才能够从数据中获得自己想要的信息，认识到自己面临的风险，从而做出合理的决策。第二，要结合企业的实际情况，建立有效的基于大智移云的财务决策流程。要改变过去"拍脑袋"做决策的模式，通过积极地收集企业相关数据，建立大智移云平台，利用先进的技术从数以千万计甚至亿计的数据中收集、处理、提取信息，挖掘问题背后的相关性，探索企业隐藏的风险和商机，找出问题的解决方案，实现由数据引领决策的目的。

（二）基于大智移云的财务决策案例

大智移云是数据分析的前沿技术，涉及数据的获取、存储、处理以及应用。构建大智移云产业链有利于企业掌握信息技术发展的主动权，提高信息的使用效率。财务决策作为企业财务管理的核心，重在解决企业发展过程中投资、融资以及财务资源再配置的问题，以满足企业构建产业链过程中对资源的需求。阿里巴巴集团成立于1999年，自成立以来，集团建立了领先的消费者电子商务、网上支付、B2B网上交易市场及云计算业务，目前已成为我国最大的网络公司之一。随着大智移云时代的到来，阿里巴巴集团提出了大智移云战略，并进行了适时的财务决策。

1. 持续引进风险投资为产业链提供资金支持

风险投资（VC）主要指面向新兴的、迅速发展的、具有巨大竞争潜力的企业所进行的权益性投资。风险投资更符合高新技术产业发展的客观规律，它拓宽了高新技术产业的融资渠道，是高新技术企业十分重要的资金来源。阿里巴巴集团就是高新技术企业运用风险投资的典型代表，在构建大智移云产业链的过程中持续利用风险投资来获得资金支持。

在初创时期，阿里巴巴集团获得了来自高盛的500万美元的天使基金，解了燃眉之急；2000年，互联网行业处于低谷，阿里巴巴集团获得了来自软银的2000万美元风险投资资金，顺利渡过难关；2005年，阿里巴巴集团引入雅虎10亿美元的投资。由此可见，风险投资在阿里巴巴集团的发展道路上扮演着重要的角色，集团将这些资金集中用在了技术研发和产业链的构建上。在提出大智移云战略计划之后，阿里巴巴集团面临产业链构建中的技术、资金、市场以及管理结构等多方面的问题，企业的经营风险、技术风险、管理风险进一步加大，与此同时，产业链的构建要求以丰厚的资金作为基础。2012年2月，阿里巴巴从银团获得30亿美元、贷款利率在4%左右的3年期的贷款，银团成员包括澳新银行、瑞士信贷集团、星展银行、德意志银行、汇丰控股有限公司以及瑞穗金融集团。2012年9月，阿里巴巴集团获得来自中投联合中信资本、国开金融等20亿美元风险投资资金。这些资金注入企业，集中用于企业技术研发和创新、产业内资源的并购和整合，在此基础上阿里巴巴集团实现了大智移云的存储、分析、应用的连通和推广，加速了产业链构建的步伐。

2. 设立云基金以投资于产业链核心技术领域

从技术角度看，大智移云与云计算的关系就像一枚硬币的正反面一样密不可分，大智移云产业链的构建必须以云计算技术为依托。2009年9月"阿里云"作为阿里巴巴集团的子公司成立，致力于打造云计算平台，为集团大智移云产业链的构建提供核心技术支持。2011年，阿里云公司正式对外提供云计算服务，云计算平台的稳定性和成熟度也在日益完善。阿里云计算取得的骄人成绩和阿里巴巴集团创新使用云基金为云计算投资是密不可分的。2011年，阿里云公司联合云锋基金启动总额达10亿元人民币的"云基金"，云基金的宗旨为支持开发者基于阿里云计算的云引擎开发应用、服务和工具，扶持、引导其成为各自领域内的独立、伟大的公司。阿里巴巴集团创立云基金，为云计算的开发和应用环节持续注资，提高了云计算的发展和应用速度，进而加快了大智移云产业链的构建步伐。在云基金的支持下，阿里巴巴集团加紧了布局云生态圈的步伐，阿里云公司先后开展了弹性计算云服务、淘宝云服务、阿里云地图服务等服务。同时，阿里巴巴集团还以云基金为支柱，帮助云计算技术上的合作伙伴，支持他们转化为云开发商，从而丰富云计算上的产品和服务。这样做使得阿里巴巴集团和产业链各环节企业之间的交流合作更加紧密，为技术的创新和应用提供了强大的动力。

3. 兼并同产业优质企业，构建"大智移云拼图"

2009—2013年，阿里巴巴集团以5.4亿元人民币分两期收购中国万网。中国万网在互联网基础服务行业中的领先地位非常明显，并在"产业布局、客户基础、技术地位"等多方面都具有领先优势。合并中国万网对阿里巴巴集团在中小企业电子商务产业链上的布局有重大促进作用。2012年11月，阿里巴巴集团以4000万美元投资陌陌，重在获取后者基于位置的群组社交功能。2013年5月，阿里巴巴集团以5.86亿美元购入新浪微博公司发行的优先股和普通股，约占微博公司全稀释摊薄后总股份的18%。阿里巴巴集团通过收购新浪微博和陌陌的股份，拥有了丰富的社交数据。2013年4月，阿里巴巴集团收购虾米网，随之而来的是充足的音乐数据。2013年7月，阿里巴巴集团投资穷游网，获得了大量在线旅游数据。2014年4月，高德控股有限公司正式与阿里巴巴集团达成并购协议，阿里巴巴集团将占高德截至2014年3月31日总发行在外股份的28.2%。阿里巴巴集团入股高德后，将进一步加快两者在数据建设、云计算等多个方面的合作步伐，为大智移云产业链带来宝贵的地理数据。截至2014年5月7日，阿里巴巴集团一共持有UC优视科技有限公司66%的股份，累计投资金额超过6.86亿美元。2014年6月，阿里巴巴集团宣布收购UC优视科技有限公司全部股份。UC优视科技有限公司将持续为阿里巴巴的产业链提供移动浏览数据。阿里巴巴集团的并购活动和大智移云产业链的构建紧密联系在一起，并购为产业链的构建引进了海量的数据，实现上述产业链的目的：通过资源的整合为产业的技术发展注入了新鲜的血液，加速了大智移云的处理和分析过程，以实现产业链中游的畅通无阻。同时，还拓宽了大智移云的应用，让更多的企业和人员参与到大智移云蓝图中来，为大智移云向产业链下游的延伸奠定了基础。

4. 优化组织结构，密切配合产业链整合

产业链的构建涉及新业务的开发，以及对原有业务的创新。为了顺应大智移云产业链的发展，阿里巴巴集团对产业链内的核心优质资源进行了并购和整合，集中投资于产业链的核心技术领域，努力开发并形成了初具规模的大智移云应用市场。同时，大智移云产业又是一个竞争异常激烈的产业，新技术、新市场、新业务以及外部环境的新变化要求更新、更有效的组织结构与之相匹配。为了应对产业链构建过程中内外部环境的变化，阿里巴巴集团适时地进行了组织结构的调整。2012年，阿里巴巴集团设立首席数据官CDO，对数据进行集中的管理和管控。2013年，阿里巴巴集团专门成立了数据委员会，为集团所有事业部提供数据支持。2013年9月，阿里巴巴集团成立包括数据平台事业部、信息平台事业部、无线事业部、阿里云事业部在内的25个事业部。2014年，阿里巴巴集团又对组织结构进行了大调整。阿里巴巴集团组织结构的调整为大智移云产业链的全面形成提供了组织上的支持和保证。

第三节 大智移云对企业财务信息挖掘的影响

一、数据挖掘技术在企业中的应用

（一）数据挖掘技术在企业投资管理中的应用

数据挖掘技术在企业投资管理中的应用能有效提升投资收益，降低投资风险，因此，企业应该加大大智移云数据挖掘技术在企业中的应用。首先，投资前应该对投资企业各方面的数据信息进行深入调查，通过数据挖掘技术深入地分析投资企业的财务情况以及未来的发展潜力，精确地估算企业投资的收益率，从多方面综合比较投资对象的情况，从而帮助企业做出正确的投资决策。其次，企业的财务人员可以利用数据挖掘技术对整个市场环境进行分析，从而帮助企业判断在目前的经济大环境下是否应该投资，如果适合投资，投资什么样的行业以及企业才能使企业的风险性最小，收益性最大。

（二）数据挖掘技术在筹资决策中的应用

企业在日常的经营过程中，难免会出现资金紧张的情况，因此需要从外界获得资金，进行筹资。然而，筹资的渠道多种多样，各个筹资方式都有其自身的优势与劣势，企业在选择筹资方式时非常的头疼，即使经过仔细研究也不能保证其最终确定的筹资方式符合企业发展需求。应用数据挖掘技术，企业就可以根据自身筹资数据、筹资的时间要求等多方面的条件对市场中的筹资方式进行深入的分析和了解，然后选择一种与企业筹资需求最为接近的方式，既能满足企业的筹资需求，又能节省企业的筹资成本，这对于企业长期稳定的发展非常有帮助。

（三）数据挖掘技术在产品销售中的应用

企业都是通过销售产品最终确定企业的经营利润的，如果企业不能顺利地实现销售那么企业存在的意义将不能实现，很快就会面临倒闭，由此我们可以非常清晰地知道销售对于企业生存的意义。数据挖掘技术能够有效地分析市场的供求关系，帮助企业确定市场上最好销售的产品类型，让企业获得更多销售机会。企业在应用数据挖掘技术帮助企业进行销售的过程中，首先应该建立趋势分析模型，帮助企业做好销售规划，让企业的产量与销量实现动态平衡。其次企业应该利用数据挖掘技术分析出哪些产品具有长期的发展潜力，通过对产品市场潜力的挖掘扩大企业的生产，使得企业能够充分地抓住发展机遇，获得更好的发展。

（四）数据挖掘技术在财务风险分折中的应用

企业在日常运行的过程中会面临各种各样的风险，数据挖掘技术能够通过数据分析有效控制企业的经营风险，帮助企业获得更加稳定的发展。企业在应用数据挖掘技术进行财务分析的过程中，首先，应该注意对企业各个方面的数据信息进行全面的收集，确保数据分析结果的全面性与准确性。其次，企业应该建立风险预测模型，把相关数据录入到风险预测模型中，利用风险预测模型对企业可能面临的风险进行准确的预测，提前防范风险的出现，如果不能很好地防范风险应该立即停止相关活动的进行，一切以保证企业的正常运行为根本出发点。

二、大智移云时代的企业财务信息

(一) 大智移云时代企业财务信息的问题

1. 财务信息的相关性与及时性

目前，各企业财务人员多是在一个会计期间结束后才会提供具体的财务数据。这些财务数据更多地反映企业前一阶段的具体经营成果。而财务信息数据不能很好地在企业运营阶段的各个环节及时、有效传递，造成财务信息经常变成"事后诸葛亮"。

如今的财务信息提供的是标准版的三大主表、各类财务比率。这些数据对企业使用者来说相关性不大，成本中心关注的是生产成本，销售部门关心的是不同区域、不同产品的销售情况。在大智移云日益变动的时代，简单的三大主表及各类财务比率已不能满足内部使用者的需求。

2. 企业财务信息处理难度不断增加

在大智移云时代下，企业财务不仅要面对外部带来的信息交换压力，还要处理好内部各类数据信息的交换处理问题。大智移云导致信息化面临高度分散和高度非结构化的数据源，对财务信息和业务信息的内部配合提出了新要求。同时，数据越来越多，要从财务、业务、内部控制、政策等多种多样的数据中提取及时、有效的财务数据，难度更高。

3. 专业人才队伍较为缺乏

大智移云时代下的财务信息是专业信息技术较强的相关人员在企业内部控制制度的指导下，借助不断升级的网络技术，采集、加工和处理企业内部与外部的各类数据得到的，具有针对性、时效性。由此可见，取得更有效、更有针对性的财务信息是一项既需要具备财务专业知识，也需要涉猎计算机等其他专业领域知识的综合性工作。对这种专业性强、复杂度高的综合性工作，财务人员只有具备相关领域的专业知识和操作技能，才能取得更有价值的财务信息。然而，从实际情况来看，当前很多企业的财务专业人才较为缺乏，且对工作人员的综合素质培养存在一定缺陷。

(二) 大智移云时代提升企业财务信息化的措施

1. 强化对财务信息的重视程度

大智移云时代下的财务信息在一定程度上打破了当前企业的财务运作模式，财务部门将从订单、采购、生产到库存、销售等整个环节为企业提供信息支撑。及时、准确的财务信息将在很大程度上提升企业应对市场变化的适时性和有效性。

对企业决策者来说，应充分认识财务信息工作改变的迫切性，财务信息带来的改变将是一项影响企业长远发展的战略性改变。只有打破传统财务信息提供模式及数据类型，才能建立适用于企业自身的大智移云时代下的财务信息管理系统,并最终有效作用于企业整体战略目标的实现。

2. 设立单独的财务信息管理机构

在大智移云时代,设立单独的财务信息管理机构十分必要。企业的核心资源不再局限于货币资金、土地和知识产权等,商业数据也具有同等地位,数量巨大、形式多样的商业数据最终会通过各种形式在财务数据中体现。因此,设立单独的财务信息管理机构并配备具有高度综合素养的财务管理人员来处理商业数据等相关数据十分必要。将财务信息管理机构从财务部门中独立出来,配备具有丰富经验的从业人员,可以在体制上使财务信息管理人员从繁杂的会计核算中解脱出来。同时,该部门应配备擅长数据分析的专业人员,专门负责数据解读,实现优势互补。

建立科学的管理框架和流程是提高企业财务信息化、收集数据、处理数据能力的关键。为使企业财务信息化得到有效贯彻,企业决策及管理人员要正确理解信息为管理、为经营服务的本质意义,将科学决策信息支持的工作理念引入经营的各方面。作为企业管理信息化的中心环节,企业财务信息化要和企业基础数据信息化、业务流程信息化、内部控制过程信息化等多个环节交织。财务信息化系统需要实现企业中心数据库与事业部门子系统相互关联,使经营过程中的采购、生产及销售系统中物资流信息与财务信息相关联,从而使企业经营决策具有科学性和实效性。为此,建立科学的管理框架,梳理出科学有效的业务流程,就成为确立企业信息化系统筛取重要数据的基础。

3. 建立科学合理的财务信息分类制度

大智移云技术可帮助企业建立快速、实时的分析工具,实现产品周期无缝、无差别分析,为企业产品发展提供有效信息支撑。同时,通过大智移云技术,财务部门可为企业发展的各环节提供不同的且有针对性的财务信息,使财务信息不再是公众化的三大报表及财务比率。

在大智移云时代,科学技术不断提升,财务人员可根据具体的产业链环节建立财务模型,针对具体环节提供对应的财务数据。例如,实时提供给成本中心需要的产品成本单价,成本中心根据单价情况及时调整工艺或原材料,确保价格优势;提供给销售部门不同区域、不同产品、不同利润率及回款率,使销售部门做出更及时、更有效的反应,确保企业获得最大利润。

4. 提高财务信息化人才队伍的能力与素质

日益复杂的财务环境对企业财务管理提出了更高要求,培训是提高员工综合素质的有效手段,企业需结合自身实际情况,聘请经验丰富的专家指导财务人员工作,激发其学习积极性,提高其业务能力。财务数据是企业财务管理的基础,大智移云时代财务数据更多的是电子数据。因此,财务人员应熟练掌握计算机技术,集中处理数据,提取数据中对企业有利的信息，建立企业需要的新的数据分析模型，合理存储和分配财务资源，进而做出最优的财务决策，及时为企业提供有效财务信息。

三、财务领域中的数据挖掘应用

（一）数据挖掘与大智移云时代的关系

数据挖掘主要指财务人员利用科学有效的方法，从大量的数据信息中提取出一些有用的信息帮助企业进行财务管理的一项新兴技术。通过数据挖掘技术能有效提升企业财务管理水平，强化企业各方面的资金运行管理能力，帮助企业获得更加稳定的发展。数据挖掘技术在应用过程中需要应用数据库以及人工智能等多方面的知识，因此，企业财务人员想要把数据挖掘技术应用于财务领域必须加强对各方面综合知识的学习与掌握，只有这样，数据挖掘技术才能充分发挥其自身作用，企业的财务管理水平才能获得实质性的突破与进步。大智移云为数据挖掘提供了充分展示的舞台，同时数据挖掘也使得大智移云有了更为重要的价值。主要表现在以下几方面。

第一，数据挖掘能够有效地降低管理的成本。大智移云有效地推动着知识竞争的深度和广度，构成了知识竞争的重要基础。对企业而言，可通过数据分析优化各个运营环节，辅助决策；还可以通过对海量、精确的客户数据进行分析，或者借助第三方数据分析平台，了解客户的消费行为，预测销售，进行精准营销。

第二，数据挖掘能够实现过去无法或者难以实现的功能。对于一些特殊行业，如通信行业，通过定位对个人位置信息进行分析挖掘，能够与其他一些公司合作，实现针对性服务，创造新的利润增长点。

第三，数据挖掘创新了管理模式。大智移云将会改变企业传统的管理模式和运营模式，成为企业的神经系统中心，有效降低企业管理成本，提高其快速反应能力。企业通过对数据的分析与挖掘，能够实现管理流程的优化，可将粗放式、经验式的管理变为精细化、数据驱动的管理。

（二）数据挖掘技术应用于财务领域的重大意义

1. 提高了企业财务信息的利用率

企业的财务管理水平之所以不高主要是对企业相关信息的利用率低造成的，很多企业为了提高财务管理水平而盲目地学习西方先进的财务管理理论，却忽视了企业自身实际情况，因此，一些企业即使使用了国际上非常领先的财务管理理念，其财务管理水平依然是停滞不前的。企业使用数据挖掘技术以后能够通过数据挖掘技术对现阶段企业各方面的实际情况进行清晰的了解，企业财务人员根据企业的实际情况制定符合企业的财务计划，实行切实可行的财务管理,能够有效提升企业的财务管理水平,增加企业信息的利用率,让企业信息被充分地利用起来,发挥其应有的作用。

2. 简化财务人员的工作量,提升财务人员的工作效率

数据挖掘技术的应用需要使用人工智能技术。人工智能能够为企业财务管理提供更加简捷的财务运行流程,从而降低财务人员的财务工作量,提升财务人员的工作效率。数据挖掘技术在应用的过程中还需要应用数据库技术,因此,财务人员在应用数据挖掘技术的过程中能够有效地提升数据分析的工作效率,增加财务数据分析的准确性。由此我们可以看出,数据挖掘技术是一项综合性非常强的技术,它集多种先进技术于一身,为提升我国企业财务管理水平做出了重大的贡献,为企业长期稳定的发展奠定了坚实的基础。

3. 极大地满足了财务信息智能化需求

财务计划一般都是按照企业以前的财务数据进行分析后制定的,在财务计划具体的实行过程中,会受到实际情况的左右,企业需要针对实际情况调整财务计划。传统的财务分析都是通过设置机械化的程序来帮助企业进行财务管理的。随着我国市场经济的发展,机械化的作业已经不能满足企业对于财务管理的要求。数据挖掘技术能够实现企业对财务的动态管理,并能通过人工智能对企业实际中出现的问题进行动态管理。与此同时,数据挖掘技术还能通过分析数据获得更多更有价值的信息,增加企业信息的利用率,满足企业财务管理的需求。

4. 有效降低企业的经营成本

数据挖掘技术是目前较新型的技术,它极大地满足了现阶段企业财务管理的需求,有效降低了企业的经营成本。首先,数据挖掘技术是利用计算机技术来完成的,它省去了大量的人工分析整理工作,有效提高了财务工作人员的工作效率,降低了企业的人工成本。其次,数据挖掘技术的准确性非常高,这就使得财务人员不用浪费大量的时间寻找财务管理中的错误,降低了财务数据的错误率,增加了企业管理者决策的准确性,最大限度地降低了企业因为决策失误造成的损失。最后,财务模型的建立使得企业减少了财务管理的工作量,使企业财务活动更加规范化,间接提高了财务人员的工作效率,降低了企业的经营成本。

(三)大智移云时代财务信息管理启用数据挖掘技术

下面将根据数据挖掘技术的性质、功能及其应用条件,结合财务信息管理的发展趋势与环境,以及财务信息管理技术创新的迫切需求,以论证财务信息管理相关领域应用数据挖掘技术的可行性。

1. 财务信息管理技术方法创新的需求

20 世纪 70 年代以来,尤其是最近十年,企业的外部环境发生了许多新的变化,如何在变幻莫测的环境中求得生存和发展,成为企业面临的重大问题,战略管理理论由此产生并发展起来。而后，以注重环境适应性为特征的战略管理会计也应运而生，对原有的管理会计技术方法提出了挑战，因此产生了财务信息管理技术方法创新的需求。

财务信息管理原有的技术方法由于其数学假设过强，解决问题的思路过于结构化，大部分方法面向的主要是确定性的管理问题，因此在新的商业环境中显得力不从心。面对新的竞争环境和经济形态及企业经营管理的新思维，财务信息管理的原有技术有些难以胜任，技术方法创新的需求日益迫切。

2. 数据挖掘技术能够满足财务信息管理技术方法创新的需要

财务信息管理本身就是一门多学科交叉的边缘学科，其在发展过程中不断吸收相关学科的技术方法来丰富和发展本学科的技术。数据挖掘技术在处理海量数据方面、数据的深入加工和隐含知识的发掘方面，具有特殊的功能与技术优势。无论从财务信息管理兼收并蓄的特征出发，还是从数据挖掘的技术优势考虑，财务信息管理与数据挖掘技术的融合都是自然而然的。

大智移云时代的数据挖掘较之前的传统数据分析的优势在于能够对数据进行全量级而非样本级别的分析，能够进行混杂数据类型而非精确数据类型的数据分析，能够进行相关关系而非因果关系的分析。这三大方面不仅是大智移云时代数据挖掘区别于传统数据分析的特征，同时也是现代财务信息管理所需要的技术特征。

3. 财务信息管理职能的变化

财务信息管理是为企业经营管理服务的。企业的经营管理，指企业的管理人员对企业的生产经营活动过程进行计划、组织、领导、协调和监督的一系列活动的总称。作为向企业管理提供服务的决策支持系统，财务信息管理要针对企业管理的每一个具体步骤采取措施与之相配合。财务信息管理的职能一般可分为三个方面：成本确定和成本计算，决策与规划财务，控制与评价管理。在大智移云时代的冲击之下，财务信息管理的职能必然发生变化。

（1）成本确定和成本计算。在财务信息管理提供的各种信息中，成本信息是核心。企业经营活动的各个环节都离不开成本信息的运用，财务信息管理在参与企业决策、编制计划和预算等过程中处处贯穿着成本确定和成本计算，因此，成本确定和成本计算是管理会计内容的重要方面。目前的成本确定和成本计算所提供的信息仅限于企业的内部信息，即成本确定和成本计算的数据来源只是企业内部，这对于大智移云时代的企业需求是远不够的。企业需要外部信息，即需要产品竞争对手的信息、行业供应链供应商的信息、本企业和购买商之间的各种竞争与合作的信息。这些企业外部的信息结构不是企业所能控制的，即外部信息多为半结构化或非结构化的，对这些数据的分析就需要大智移云的数据挖掘技术，将这些混杂的非精确的以及非结构化的数据进行全面的相关关系分析。因此，基于数据挖掘的企业成本确定和成本计算所能提供的信息，远远超出了传统的成本确定和成本计算的内容，能够为企业的生产、销售活动降低更多的风险，提高企业的管理水平。

（2）决策与规划财务。在企业进行决策的过程中，现代财务信息管理的职责主要是以企业价值可持续稳定增长为目标，着重于以顾客为中心，多种类型的管理会计信息为依据，综合评价各个方案的得失，从而选择最佳方案。在企业的经营决策中，包括短期经营决策、长期经营决策、企业战略目标的决策，以及企业的其他一些重要决策。显而易见，这些决策的产生必须有大量甚至海量的数据分析支持，尤其是在这个越来越以数据为主的时代，对大量甚至海量数据的分析恰恰是数据挖掘技术的优势所在。预测作为决策的前提和基础，必须有精确的分析。现有的预测都是基于企业内部的生产活动和管理进行的，对外部市场的变动信息依赖不多。以销售预测为例，一般地，企业基于历史销售数据和预期销售，通过对现有模型进行分析，最后得出销售预测。但是，由于技术的局限性，企业不能对同类产品信息、天气、客户消费习惯、目标市场的人文地理和其他一些因素进行分析，这就使得预测的准确性大打折扣。而在数据挖掘技术的支持下，这些因素都是可以进行分析的。

（3）控制与评价管理。控制与评价管理是经营管理者的基本职能。在企业内，经营管理活动都是在各个不同组织单位进行的，这些组织单位一般根据作业场所或职能不同来划分。一般来说，所谓管理，首先要确定作为依据的基准原则，然后再对下属单位进行指导或监督。控制与评价管理也是这样，在控制与评价管理中适当确定控制与管理的基准或应该达到的目标是十分重要的。控制与评价管理能否做到首尾一致地实施，关键就在于能够确定适当的基准。前面讲到，数据挖掘的主要功能就是把数据进行类别化、关联化，找出内在的联系，这种功能对于确定控制与评价管理的基准有很大的帮助。

（4）财务信息管理展望。随着社会与技术的不断进步，财务信息管理的职能必然在不断地增加，其中对财务知识的管理必然会是管理会计职能的一个重要内容。首先，数据挖掘技术本身就是知识发现的一个重要过程，在对财务数据和非财务数据的大量分析中，知识将会不断地积累，从而成为财务信息管理的一个重要内容，把企业的财务知识保存起来，成为企业的核心能力。再者，财务信息管理绝非纯技术性工具，要更深层次研究，财务信息管理涉及人的价值观念和行为取向问题。因此，行为财务信息管理也有可能成为未来财务信息管理的一个组成部分。在财务信息管理信息的产生、传递和适用过程中，如何解释、预测和引导各有关人员的行为，使财务信息管理的行为职能在企业得到有效的发挥，将会成为未来财务信息管理研究的内容。

第四节 大智移云对企业财务管理精准性的影响

一、大智移云时代下的企业财务精细化管理要求

（一）增强精细化财务管理理念

目前，市场经济发展迅猛，企业之间的竞争激烈，企业要想获得长远发展就必须提高管理水平，其中财务管理工作占有重要地位。目前，有些企业的管理者不注重改革财务管理方式，没有建立全面财务管理体系，导致财务管理工作具有一定的片面性，影响了企业的经济效益。基于此，企业财务管理工作应该增强精细化财务管理理念。精细化财务管理是一种现代化的财务管理机制，更加适应企业的发展。企业首先应建立科学的管理机制，通过分解业务流程向企业内部推行精确化的计划、决策制作、成本控制、员工考核等，从而最大限度地节省资源，降低管理成本，实现最深层次的企业价值。精细化财务管理要求企业深化对财务工作职能的认识，将财务工作由记账核算型向经营管理型进行转变。

（二）提高对财务分析的重视程度

企业管理者要帮助和支持财务分析人员熟悉本企业的业务流程，尊重财务分析的结果，组织和协调各部门积极配合财务分析工作，这样才能发挥财务分析在企业经营管理中的重要作用。管理者应当定期或不定期地召开财务分析活动会议，肯定成绩、明确问题、提出建议或措施、落实责任，使得财务分析在实际经营管理中发挥应有的作用。财务管理人员要切实做好财务分析工作，不断提高分析质量，为改善经营提高经济效益提供科学依据。

（三）改进财务分析方法

财务分析应多用定量的分析方法，以减少因为分析人员的主观偏好而发生财务分析失真情况的出现。在财务分析中可以较多地运用数据模型，既可以推广运用电子计算机处理财务信息，又可以进一步改进财务分析的方法，增强财务分析的准确性和实用性。还可以按照国家财务制度，联系相关法规政策，考虑不可计量因素进行综合论证，并实际修正定量分析的结果。定量分析与定性分析的结果必须结合起来综合判断，修正误差，使结果更趋于客观实际。对于那些有条件的企业还可以聘请外部人员进行财务分析，以减少分析的主观性。

（四）完善财务精细化管理机制

建立健全企业财务管理监督机制。财务管理监督机制是促进财务管理工作顺利开展的

基础，主要针对的是企业资金的预算、拨付、核算等工作，要全面做好监督管理，确保财务信息的真实有效性，确保企业资金合理应用，确保整个企业财务管理的有序，建立健全的内部控制制度。完善的财务内部控制制度有利于约束财务管理行为，保障财务管理成效。一方面，财务内部控制制度需要注重增强财务审计的独立性，通过财务审计确保财务管理的质量。另一方面，还要充分考虑外部市场环境，优化和完善内部控制制度，提高财务管理水平。建立财务管理考核评价机制，这样有利于约束财务人员的行为，通过奖惩措施，增强财务人员的工作积极性和主动性。

（五）充分利用大智移云

在大智移云时代，数据管理技术水平不断提高。在财务管理的数据管理中，就可以充分利用大智移云，从数据收集、数据存储、数据分析、数据应用等几个方面有效地进行管理。需要注意的是，要保障财务数据的真实性、准确性，这样才能更好地体现数据的价值。此外，如果数据收集不到位，就会导致财务管理工作捉襟见肘。由此可见，在大智移云环境下，企业财务精细化管理的首要工作就是财务数据的收集，不断拓展数据收集渠道，综合考虑企业发展的各方面财务信息，满足企业财务管理需求。再者，数据快速增长也给数据管理带来更大的压力，这里需要做好数据存储工作。这就要求企业要加强内部硬件设施和软件设施的建设，并且根据企业的发展情况，完善财务数据库，系统地进行数据整合和储存，为企业财务分析提供良好的数据基础。为了应对大智移云的发展，企业还要加强对财务人员的管理和培训，提高财务人员的数据分析能力和数据应用能力，使其能够合理地对数据进行整合、归纳、分析以及应用。

（六）提高财务人员的整体素质

随着信息技术的普及推广，目前会计电算化不断发展，会计电算化只是分析的手段和工具，财务人员是财务分析工作的真正主体，财务人员素质的高低直接影响财务管理的质量。因此企业应当选拔一批优秀的财务人员担任这项工作，同时在企业内设立专门的财务分析岗位，培养适应本企业的专业分析人员。在选拔财务分析人员的过程中应同时注重基本分析能力、数据的合理修正能力还有综合分析能力，切实提高分析人员的综合素质。再者，为了让决策者不做出错误或者过于追求短期效益的决策，财务分析人员应不断提高自身的专业技能水平和职业道德素质，企业应加强对财务分析人员的培训。

（七）企业财务管理信息化

在企业财务管理中引进先进信息技术，可以确保企业财务管理工作的有效性和准确性。目前，我国企业已经采用和推广信息化管理技术，并取得了一定的成效。和传统的财务管理工作相比，企业财务管理信息化具有以下优点。一是，可以利用信息技术对基础数据进行收集、整理和分析，提高财务数据的准确性，还有利于避免企业管理人员对财务工作的干涉，有利于确保财务管理的公正性、真实性和准确性。二是，通过利用信息技术，财务管理工作的效率可大大地提高，从而节省了人力和物力。

二、大智移云时代下如何提高企业财务管理精准性

（一）企业财务管理应加强贯彻会计制度，夯实会计基础

结合企业财务管理的特点和现实需要，在企业财务管理过程中，加强贯彻会计制度，并夯实会计基础，对于企业财务管理而言意义重大。从当前企业财务管理工作来看，鉴于财务管理的专业性，在财务管理工作中，应对财务管理的相关法律法规引起足够的重视，并在实际管理过程中加强贯彻和落实，保证会计管理取得积极效果。

除了要做好上述工作之外，企业财务管理还要对会计管理的基础性引起足够的重视，应在实际工作中强化会计管理的基础性，通过建立健全会计管理机制，优化会计管理流程，使会计管理质量和准确性得到全面提升，有效满足企业财务管理的实际需要，达到提高企业财务管理质量的目的。为此，加强会计制度的贯彻，夯实会计基础，是提高会计管理质量的具体措施。

（二）企业财务管理应强化企业内部协调机制

现代市场竞争环境下财务工作在企业管理中的重要地位，决定了财务工作必须采取与时俱进的基本态度，财务管理应结合企业组织结构、产品特点、业务流程、管理模式等具体情况，将真正适合企业的管理新方法、新工具应用到实际工作当中去，使企业财务管理工作能够在管理理念、管理流程和管理方法上满足实际需要，达到提高企业财务管理水平的目的。

基于这一认识，企业财务管理工作应积极建立内部协调机制，使企业财务管理工作与其他业务工作能够得到全面有效开展。充分满足企业财务管理的需求，实现对企业财务管理工作的有效监督，确保企业财务管理在手段、内容和管理流程上处于严格的监管之下，保证企业财务管理的准确性，使企业财务管理工作能够在整体水平上满足实际需要。

因此，企业财务管理工作并不是只有单一的工作内容，要想提高企业财务管理工作的整体质量，就要将企业财务管理工作与其他业务工作结合在一起，实现企业财务管理工作与其他业务工作的融合，使企业财务管理工作能够成为其他业务工作的促进因素，保证企业财务管理工作取得实效。

（三）企业财务管理应将资金管理作为主要内容，满足企业资金需求

在企业财务管理中，资金管理是主要内容，只有做好资金管理，才能提高企业财务管理的实效性。基于这一认识，企业财务管理应从实际出发，制定具体的资金管理策略，提高企业资金管理质量，满足企业资金需求，达到提高资金管理效果的目的。

首先，企业要加强管理，提高自身信誉度，注重内部资金节流。加强对存货和应收账款的管理，减少产品在企业内部停留的时间，使企业内部资金管理实效性更强，对企业经营管理的支撑效果更好。所以，资金管理对企业的经营管理具有重要影响。

其次，企业要建立自身的诚信形象，主动与金融机构互通信息，建立良好的银企关系，通过交流体现出企业的主动、诚意、实力所在，这样才会获得在银行融资的成功。这一工作已经成为企业财务管理的重要内容，对企业的经营管理具有重要影响，是企业提高整体效益的关键。

最后，企业应强化资金使用效率，提高资金管理质量。保证资金管理工作能够全面有效地开展，使企业的资金管理工作能够取得实效。

通过分析可知，鉴于财务管理的重要性，提高企业财务管理的精准性和实效性，是提升企业整体效益的重要手段。为此，企业财务管理应从加强贯彻会计制度、夯实会计基础、强化企业内部协调机制、加强财务管理与业务工作的融合、将资金管理作为主要内容、满足企业资金需求等方面入手，确保财务管理工作能够全面有效开展，满足企业经营管理的现实需要。

第五节　大智移云对企业财务管理人员角色的影响

一、大智移云对财务管理人员角色的影响分析

大智移云时代随着信息网络和企业一体化管理软件的普及，财务管理人员从账簿的束缚中解放出来，更多地参与企业的管理和辅助决策工作，这样的角色变化，更加凸显出会计的"管理"职能。

（一）大智移云时代为财务管理人员"管理"职能的发挥提供了条件

会计主要有核算、反映和监督三大职能，财务管理人员收集数据、陈列信息，并对企业的宏观管理施加影响，都是以信息为基础的。财务管理人员在财务管理中应当扮演起"管理"方面的角色，但由于各方面的原因，财务管理人员的"管理者"的角色一直没有得到承认，其"管理性"被忽略。大智移云使得财务管理人员能够为企业提供多样化的决策信息，并为日常的企业经营活动提供管理，使财务管理人员的"管理者"角色日渐突出。在大智移云时代各种管理工具的支持下，财务管理人员将进一步发挥基于信息的管理职能，财务管理人员将从"核算者"变成"信息人"，并进一步走向"管理者"的角色。

（二）数据生产方式的转变

数据生产方式的转变是财务管理人员角色转变的动因，随着大智移云在全球范围内漫

延，信息的"生产"工作变得非常简单便捷，财务管理人员脱离数据信息，"直接生产者"的角色势在必行。并且，大智移云时代的企业会计数据随时都处于动态当中，是动态实时会计数据，"大智移云"的真正价值在于通过收集、处理庞大而复杂的数据信息从中获得新的知识。此时的财务管理人员应该从收集和处理会计信息的工作中分离出来，把该工作交给专门的信息中心去解决，财务管理人员更重要的工作是对会计信息进行综合和判断，对企业的运营提出预测、给出建议、帮助决策及监测企业战略的实施，扮演好"顾问""预测者""风险监测和管理者"等角色，成为专业技能、多面管理的企业运行管理者。

二、大智移云时代财务管理人员角色转变的趋势

大智移云时代，各种信息网络技术、企业一体化智能化管理工具的应用，财务管理人员由原来的直接财务信息生产者，变为利用财务信息的管理者。在这种实质性的改变中，尤其是高级财务管理人员群体，将在大智移云时代不由自主地利用企业的相关财务信息为企业的管理服务。

（一）企业发展的预测者

在财务管理信息化的过程中，财务部门朝着灵活性和快速响应的目标发展是一个渐进的过程，财务管理人员从静态的报表和财务信息数据管理，转移到为决策者提供动态业务信息，这是财务工作在大智移云时代发展的必然趋势。财务部门掌握着企业最全面的原始业务数据，并在企业数据处理工具的辅助下，掌握了获取各方面信息的最有效途径，是企业的"触角"。对于现代企业而言，大智移云为企业提供了面向未来的途径，企业更多关注点从"现在"转移到"未来"。财务管理人员完全可以利用专业和信息方面的优势，通过系统的优化和技能的提升，对企业运行的方方面面做到实时响应。具备更多经验和管理职能的高级财务管理人员可以利用财务部门掌握的各项数据，对企业未来的发展趋势和各种可能的风险、市场等做出预测，并对企业的决策和发展提出建议。只有财务管理人员群体在预测性工作方面做出更多的努力，企业才能做出更为长远的规划，避免短视行为。另外，预测工作的有效实施，是企业建立一整套问题的解决方案、应对未来的突发或重大事件的重要保障。当然，财务管理人员要扮演好企业预测者角色，离不开有效全面的数据信息和对多种数据信息工具的应用。

（二）企业顾问和其他部门的合作者

大智移云时代，核算职能在整个财务工作中的重要性减弱，财务管理人员的职能更侧重于反映职能和监督职能，并强调"管理"功能。反映职能由原来强调财务信息的客观、透明性，逐渐转变为强调在客观性的基础上，借助信息工具，为企业的管理和决策提供更多符合多样化的需求。财务工作不再过多地强调财务管理人员现实做账的能力，更深层次地讲，财务管理人员其实正在逐渐成为企业的顾问，随时对企业的经营状况做出评价和总

结，并结合其他预测性辅助工具，为企业的经营提供建议。从这个角度来讲，财务管理人员应该充分利用好信息工具，扮演好"顾问"的角色。无论财务管理人员作为"顾问"为企业提供哪些方面的经营评价和建议，财务管理人员的定量职能都是不能取代和取消的，所有这些充分发挥财务管理人员能动性反映作用的角色，都需要以客观、全面的数据作为基础。尽管如此，大智移云时代财务管理人员扮演好顾问角色，为企业提供更多的评价和建议，是现代企业发展的必然要求。

（三）企业风险的预警者

在全球化浪潮中，所有企业都难以避免地要融入更加复杂多变的世界市场，这使企业自身要面临许多更加不确定的问题。财务管理人员掌握了财务及各个业务方面的信息，对企业的运行和决策产生极为重要的影响，在全球大智移云形势下，理应扮演起风险管理者的角色。世界市场充满风险，企业需要完备的风险管理计划，高度整合、标准化的财务管理组织的建立，使得企业更容易察觉所面临的风险。可以看出，"风险管理"是财务管理人员扮演"预测者"角色的一个延伸，要想成为优秀的"风险管理者"，财务管理人员需要通过采用某些智能化信息工具对信息做到实时监控，如设定特定风险阈值，通过热图、仪表盘、记分卡反映风险情况，通过预测性分析和建模检测风险情况等。

（四）信息系统的维护者和个性化信息工具的开发者

大智移云时代，财务工作最明显的一个变化，莫过于计算机和各种信息工具的广泛应用，财务管理人员各项职能的转变都离不开各种自动化、智能化信息工具的支持。长期以来，财务部门所使用的财务管理软件都是由专业的企业管理软件公司开发，并作为商品卖给需要的公司，当然，也有的企业采取自主开发或者委托开发的方式。在这些方式下，财务管理软件的维护多由这些软件公司或者开发人员来实现，这种维护方式曾经较好地适应了企业的需求，但在企业未来的信息化道路上，信息软件工具的概念呈现一种"淡化"的趋势。一方面，更多的员工更深层次地接受并熟练使用这些信息工具，并伴随这些工具在企业中更为普遍的使用；另一方面，企业对信息工具的需求呈现多样性，并非一套或几套解决方案就能够满足企业的所有需要，于是，财务管理人员在解决问题的过程中，有不断地发现针对新问题的局部化信息工具的需求，这种需求处处存在，并需要开发者更具针对性、创新性。这就促使财务管理人员应该成为信息化软件的管理者和维护者，并在一定程度上具备开发实用性、个性化信息工具的能力。原来的较大规模和专业性较强的管理系统可以继续交给专业公司或团队去开发，但应该由经过适当培训的财务管理人员来进行维护；对于应用范围相对较小、针对性很强、开发难度相对较小的软件，财务管理人员应该成为首要的开发者和维护者。这种模式不仅减少了企业的运行成本，也为企业的财务工作提供了更为便捷可用的信息工具，在日常应用中减少了对专业软件公司或信息部门的依赖，使财务管理人员在工作中能够更加独立地扮演其"管理者"角色。

三、大智移云背景下企业财务管理人员角色转变策略

（一）改变财务管理人员观念，提高其综合素质

财务管理人员要顺利实现角色的转变，自然离不开自身观念的改变和综合素质的提高。首先，观念的转变。大智移云时代财务管理人员掌握着企业发展的关键信息，因而需要更加主动地参与到企业的决策中来，财务管理控制已从事后走向事中乃至事前，相应的，财务管理人员的观念也有必要从"被要求"转变为"主动"为决策提供便利。其次，应该全面提高自身素质。具体包括IT技能的提高和事务惯例处理能力两大方面。大智移云时代，财务管理人员要想更好地使用信息工具做好预测、辅助决策等工作，扮演好顾问、预测者等角色，必须具备一定的IT技能。同时，财务管理人员也只有做到透彻理解、正确运用，才能正确使用和维护财务管理信息系统，提升系统以及企业信息的安全性，保障企业的利益。大智移云时代更为多变的外部环境迫切要求财务管理人员应能更加敏捷、全面地对企业运行状况做出分析，并使用创新化、安全、高效手段将这个辅助决策过程变成程序化、自动化的过程。

（二）为财务管理人员建立统一的信息平台

财务管理人员应该适应信息生产集中化、自动化的趋势，整合财务管理部门的资源，实现"信息生产"功能的独立。在未来的财务管理工作中，部分财务管理人员应将自己的注意力更多地放在解决一些更加前瞻、更加灵活多变的非结构化问题上，如投资分析、年度规划、决策支持、风险管理等，以便于在财务管理工作中充分利用和发挥"数据"和"信息技术"的作用，实现"财务管理"和"信息数据"的更好结合，进行数据分析。

信息中心的独立和统一信息平台的建立，对企业的信息管理有重要意义。信息中心的独立，可以让有用的信息通过一个覆盖整个企业的信息平台和网络在企业内部自由流动实现管理的高效，同时还可以降低信息的收集和处理成本，在财务管理部门的领导下，信息部门的信息获取和加工更加围绕企业的战略和需要开展。统一信息平台的建立及财务管理信息获取的集中化，不仅可以利用信息资源和信息工具提高企业经营效率，也使整个企业连成一体，信息自由流动，各业务部门全部活动都以提升企业价值为核心，实现"1+1＞2"，达到以大智移云促进企业价值提升的作用。

（三）改善组织结构和优化工作流程

财务管理人员实现角色转变的道路上，统一的信息平台、信息数据的自由流动、财务管理人员承担多重复合角色并主动发挥更大作用，其实都需要以企业组织、结构工作流程的改善为前提。组织结构方面，扁平化、柔韧化和灵活性是现代企业组织结构发展的要求，企业需要兼具灵活性、安全性与创新性于一体的组织形式。为了便于财务管理人员更好地

发挥其顾问、预测者、价值链整合管理者等新的角色，企业需要在整个企业范围内，建立扁平化的组织结构，并采用多维制和超事业部制的结构，以实现在沟通上更顺畅、管理上更直接、合作上更灵活、运行上更高效。另外，针对一些特殊的情形，企业还可采用虚拟化的结构，把不同地点乃至不属于本企业的人才资源联系到一起，实现跨越时空的合作联盟。企业需要进一步规范和优化工作流程，并将其制度化，确保企业的各项流程无缝衔接，并确保各流程都在企业信息系统和风险管理系统的可控范围内，这样，才能实现信息中心所获得的各项信息的全面性和完整性，便于企业风险控制措施的更好实施。

（四）加强企业内部控制，明确财务管理人员权责

大智移云时代，由于信息的收集、处理工作更加自动化、流程化，非结构化问题在财务管理人员工作中占据更大的比例。在解决这些问题的时候，需要财务管理人员更好地发挥主观能动性，财务管理人员也因此拥有更多的自主权。然而自主权放宽的一个重要问题就是，可能导致财务管理人员不适当的使用权限而对企业的利益造成损害。因此，加强内部控制，保障系统和信息安全性、杜绝财务管理人员滥用职权的行为，也是财务管理人员角色得以顺利转变的重要方面。针对财务管理人员权限规范问题，企业应至少做到以下几点：一是对每一个职位进行完整的职位说明，将职位说明书交由在岗人员学习，并在日常的工作中，结合工作实际不断地将其补充、完善；二是完善各项工作的工作流程，将所有的步骤都纳入内部控制体系的范围；三是建立完善的内部控制体系，将各项措施以制度的方式规范化、确定化，为各项措施的实施提供切实的依据。在实施方面，着重从内部控制的三个环节入手：事前防范，要建立内控规章，合理设置部门并明确职责和权限，考虑职务的不兼容和相互分离的制衡要求，还应建立严格的审批手续、授权批准制度，减少权力滥用和交易成本；事中控制，如财务管理部门应采取账实盘点控制、库存限额控制、实物隔离控制等；事后监督，如内部审计监督部门应该按照相应监督程序及时发现内部控制的漏洞。

第七章 大智移云时代的企业财务管理挑战与变革

第一节 大智移云时代下为何要进行企业财务管理变革

随着大数据、云计算、互联网等信息技术的兴起与发展，社交媒体、虚拟服务等在经济、生活、社会等各个方面的渗透不断加深。伴随而来的是，数据正在以前所未有的速度递增，全球快速迈入大智移云时代。维克托·迈尔－舍恩伯格在《大数据时代：生活、工作与思维的大变革》一书中指出："数据已经成为一种商业资本，一项重要的经济投入，可以创造新的经济利益。事实上，一旦思维转变过来，数据就能够被巧妙地用来激发新产品和新型服务。"

一、企业财务管理理论面临大智移云的挑战

关于公司财务，中英文都有多种表述，如公司理财、公司财务管理等。这里将"公司财务"的概念定位于"企业财务管理"，理由是这门学科应该以非金融企业为主体，关注企业如何利用财务理论和金融工具实现财务资源的组织与配置，并对企业价值产生一系列的影响，包括财务决策、计划、控制、分析等。当然，无论是公司理财，还是公司财务管理，从学科内容的角度上理解，两者基本是一致的，主要包括资本预算、融资与资本结构、股利政策以及并购等。公司财务管理理论的核心概念或工具，如净现值、资本资产定价模型、资产组合、资本结构、期权定价模型等，已成为财务管理理论向纵深发展的标志性成果。目前，以实证模型主导的财务理论已取得了科学突破，并形成了一系列的相关延伸理论，如一般均衡理论、博弈理论、资产组合最优化模型和衍生品定价模型等。但当主流财务学被习惯性地披上数学和物理学的外衣时，这两个学科本身所具有的严谨性，可能会给人们尤其是企业家、监管者、政策制定者留下一种错误的印象：财务学模型得出的结论精确无误。

我们相信，大数据、云计算、互联网经济环境都在挑战着建立在诸多完美假设基础上的现行财务管理理论与原则。这些挑战包括：股东价值的计量与提升路径是什么？财务风

险如何计量与防范？公司财务理论应该如何服务于公司财务管理实践？财务理论是否需要重新构建？笔者主要从理论服务于财务管理实践的立场，指出当代企业必须正视现有公司财务理论与命题存在的局限性，否则将会有碍于财务管理实践创新与其作用的发挥。

二、我国企业基于大智移云实施财务管理系统创新

近年来，我国一批企业已开始实施基于大智移云的财务管理系统创新。例如，以中石油为代表的一批大型企业就在推动"大司库"项目。所谓"大司库"，就是通过现金池统一、结算集中、多元化投资、多渠道融资、全面风险管理、信息系统集成等手段，统筹管理金融资源和金融业务，有效控制金融风险，提升企业价值。中石油的大司库信息系统通过与内外部系统，包括ERP、会计核算系统、预算系统、投资计划系统、合同管理系统以及网上报销系统等进行数据的集成对接，实现信息共享。同时，内部各子系统、各模块间的无缝衔接，使大司库系统成为一个有机、统一的整体，并可以直接服务于集团大司库管理。就资金管理系统而言，大司库对总部各部门和各分公司、子公司进行从上到下、从横向到纵向的整合，将原有的400多个资金管理的流程简化为100多个，实现以司库管理业务为线条，业务经营、现金管控与财务核算端对端的衔接。

另一案例是万达集团的"财务游戏要领"。万达集团内部建立了严格的成本预警制度，当某项项目成本支出超过计划书范围时，该成本预警系统就会发出提示与分析。除此之外，万达集团还规定每个季度初需在其成本系统内编制一个现金流表，其中，仅项目目标成本控制表中涉及的费用项目就超过250项。万达集团项目支出计划的编制涉及大量成本科目，各级成本科目共计约500行、36列、1.8万单元格，各级科目成本总数在编制完成后会被分解到各月的列中。编制过程中涉及如此众多的数据，主要是由于万达集团单个项目具有较大的开发体量，以及万达集团本身业态众多。不仅如此，万达集团在项目进行时还对其进行持续跟进，并且规定必须将实际情况与项目计划进行对比，并将此纳入管理者绩效考核当中。目前，万达集团在正式承接项目之前，不仅能够提前测算项目涉及的土地成本、规划设计费用、建设费用、招商租金等，还可以利用精准模型将费用误差控制在一万元以内。

这些管理创新案例给我们带来很多启示，至少表现在两个方面：一是应认识到财务管理实践的创新驱动着财务管理理论的发展，否则，财务管理理论不仅不能引领管理实践，而且容易形成理论与实践"两张皮"；二是理论界经常提及的企业财务管理、资金管理、管理会计、战略财务、内部控制、全面风险管理ERM、会计管理、预算管理、成本控制等，其概念内涵与定义边界越来越模糊，在大智移云时代的背景下，过于强调这些与财务管理相关的概念边界无益于管理实践。

大智移云会给企业的经营和管理带来改变并对其产生影响，这必然导致当今企业经营

理念、商业模式、管理方式、战略决策发生较大的变化和创新。以创造价值为宗旨的企业财务管理理论与实践应积极应对大智移云时代带来的挑战与变革。

第二节 大智移云时代下企业财务管理的积极影响

一、大智移云对财务管理提出的要求

随着人类时代背景的不断演进，大智移云时代的到来决定了企业的发展步伐必须紧跟时代的发展和进步，与时俱进、及时创新。作为时代发展的必然产物，财务管理工作的开展必须与时代同步，必须在一定的时代背景下进行完善，因此，大智移云时代的到来为财务管理工作提出了新的要求。

（一）财务管理工作应收集并存储更多具有多种结构的数据资料

信息时代的发展所带来的大智移云所蕴涵的价值是无法估量的，其中所包含的各种有用信息也是无法估算的。大智移云技术为全面地反映企业的经济业务提供了便利条件。企业通过有效地收集各种数据，帮助企业有效地提高了企业的市场占有率。企业的财务管理部门作为直接与各种数据、资料、信息相接处的部门，如果能更好地利用这种大智移云时代所创造的大量的数据资料，就会为企业的信息使用者提供第一手的信息资料，便于企业进行各种决策。因此，这就要求企业的财务人员必须熟悉信息技术，能够快捷地、准确地从众多数据资料、繁杂的数据形式中探寻到有价值的数据，用以全面反映企业的经济业务的发展状况，消灭信息不对称产生的问题。例如，随着市场经济的不断发展与完善，在微利时代成本的高低将成为企业获利的关键因素，在大智移云时代下，专业的成本分析与控制人员，不仅要具备丰富的、扎实的财务专业知识，还必须对企业的各项生产工艺流程、生产环节、企业的内控流程等进行了解与高度关注，对各种指标及时进行把控（如生产效率、产品报废率、各种产品成本的差异、各种费用的使用情况等数据指标）。在成本控制系统的帮助下，财务人员应充分挖掘相关成本数据，并对成本数据进行合理的分配、归集、构成分析等，从而为企业成本的有效控制奠定基础，为企业的决策提供帮助。

（二）财务管理工作应更加关注非结构化数据带来的价值

目前，各企事业单位的财务管理中主要是针对具有结构化的数据进行各种处理，现代计算机技术的发展、信息技术的发展、网络技术的普及等都为财务管理人员进行结构化的数据处理提供了便利，在这方面已经基本趋于成熟。财务人员对于结构化的数据计算、汇总、统计等工作已经非常娴熟，即使是在遇到较大的数据量时，也能在相应的商业软件的协助下完成这些工作。但是，随着信息时代的不断发展，很多半结构化、非结构化的数据

和组件成为数据界的主流,这种本质上的取代和飞跃不仅仅体现在数据量的变化上,更体现在数据所产生的价值中。因此,财务人员要想真正从海量的数据资料中找到具有丰富价值的数据,就必须充分分析这些数据,并努力从中挖掘非结构数据,数据价值挖掘得越多越能为企业的经营发展带来竞争优势。

(三)应不断满足财务信息使用者的个性化需要

财务管理工作是一项为企业的经营者提供决策信息的系统化工作,随着社会主义市场经济的不断深入发展,各企业面临的市场竞争日益激烈,企业的各利益相关者对于经营决策的科学性、正确性、适用性等方面的内容越来越关注,这也就引发了企业财务管理工作目标的变化。随着大智移云时代的到来,云计算的应用、数据信息容量的增加,信息使用者的需求逐渐变得更加多元化、复杂化、个性化,而这些对于财务管理工作而言是难以预测的。随着大智移云时代的发展,企业的决策者们更加关注财务信息的个性化发展趋势,这对传统的财务管理是一次重大的挑战。财务管理工作在大智移云时代的改进中应努力遵循这一基本原则,即采取积极的措施来应对这种不确定性。

(四)有效提升了财务信息的准确度

在传统的财务管理工作中,企业的财务报告的编制主要是建立在基本的确认、计量、记录的基础上的,由于技术手段的缺乏与不完善,企业的财务数据、相关的业务数据作为企业管理中的重要资源,财务人员并未将其价值充分发挥出来,也并未引起足够的重视。特别是有的企业在进行决策时由于受技术条件的限制,对于决策需要的财务数据并未及时地、充分地收集、整理、分析、评价,导致数据的使用效率偏低,从而影响了企业财务信息的真实性、准确性、精确性、可用性。例如,很多财务管理工作中的数据在为企业生成财务报表后就失去了它的作用和价值而处于休眠状态中。但是,大智移云时代的到来,促进了技术的发展,企业可以高效率地处理、整合各种海量的数据,并从中挖掘更有价值、更能促进企业发展的数据,从而提升企业财务管理数据的准确性,使其向着科学化、标准化、规范化的方向迈进。

(五)全面促进财务人员的角色转化

大智移云时代的到来,使得企业的财务人员摆脱了传统的角色,不仅仅进行简单的记账、报表分析等工作,还进行高层次的财务管理工作。传统的财务管理人员通过对报表数据的分析,简单地为企业的管理者、经营者、决策者提供数据依据。市场经济的发展、竞争的加剧,建立在财务报表基础上的简单的数据分析不足以满足信息需求者的需要。在大智移云时代,企业的财务人员可以从不同的角度、不同的层面探寻企业发展所需的信息,彻底打破传统的 Excel 数据分析中所不能实现的数据分析难题,通过这些数据的本质看到企业在发展中的问题、现状，并及时地对企业的经营状况、经营成果进行客观的评价，从中揭示企业的不足，为转变经营者的思路提供明确的方向。

二、大智移云对财务管理产生的积极影响

（一）提高账务处理效率，实现财务信息化

在传统的财务管理工作中，原始业务数据的采集、整编、手工录入、核对的过程重复烦琐导致企业财务信息时效性差，财务工作成本过高。基于大数据思想产生的"财务云"概念使这些问题得到有效的解决。"财务云"是将企业财务信息与云计算、移动互联网等计算机技术加以融合，实现财务共享服务、财务管理、资金管理三位一体的协同应用，显著提高企业财务数据处理的高效性与准确性，并将简单的财务数据进行加工，成为具有一定价值的财务信息，为企业的决策提供强大的数据支持。

（二）有助于实现成本控制与全面预算管理

一方面，手工核算由于自身的局限性，较多采用简便却不准确的计算方法进行成本核算，而"大数据"高效的计算速度使存货计价中的移动加权平均法、辅助生产成本分配中的代数分配法等较为贴近实际情况的核算方法得以广泛应用，提高了成本核算的准确度。另一方面，企业财务管理可通过对各种财务信息的采集，利用云计算平台处理得到各类详细的成本信息，构建成本控制框架，从而达到对原材料采购、运输、存储、生产及销售成本的全面控制，便于企业寻找正确渠道降低成本，从而提高企业成本经济效益。例如，在存储环节，利用DBMS（OLTP）、HDFS等数据中心对物料信息、库存数量、货位信息以及货区信息进行实时监测，以降低库存资金占有率，避免停工待料的情况发生，达到对成本控制的目的。

精确的成本信息能够有效支持企业的全面预算管理。成本控制基于合理预算，预算报告编制又基于成本信息，两者之间紧密联系。在大智移云时代下，成本控制与预算管理不再是相互制约，而是共同促进，使企业在竞争中合理配置资源，不断发展壮大。

（三）有效规避企业财务风险

如今，各行各业正广泛应用大智移云的"预测"能力，如体育赛事结果、经济金融发展、市场物价变动甚至个人健康状况等都可以被准确预测。在企业经营管理中，各种难以预料或控制的因素，经常会带来流动性风险、筹资风险、投资风险以及信用风险等，导致企业蒙受损失，由此可见，大智移云对于财务风险的预测能力在企业财务管理中尤为重要。例如，企业在计划对交易性金融资产、可供出售金融资产等投资时，确定其公允价值是关键，在大智移云时代，企业能够从经济活动相关的工商、税务、银行和交易所等各个机构获取相关数据，借助大智移云处理技术合理预测现金流量、终值、折现率，从而降低投资

风险。大智移云技术下的信息处理系统,通过对资产负债率、应收账款周转率、资本金利润率等财务指标的监控,分析反映财务状况的实时数据,帮助企业做出关于投融资、信用销售等一系列决策,从而达到事前风险预测、事中风险控制、事后风险评价的目的。

三、大智移云时代财务管理的新思路

(一)以适应时代发展作为财务管理工作的总纲领

财务管理工作实务是在不断变迁的外部环境中发展起来的,并伴随着环境的变化而产生变革。因此,财务管理工作必须密切结合时代背景、生活背景、社会背景,让财务管理的发展顺应时代发展的潮流。在大智移云时代,人们获取数据信息的途径越来越简单、越来越快捷,因此,财务管理工作的开展必须以适应时代潮流作为总纲领。

(二)树立以人为本的重点工作

人力资源在知识经济时代成为企业竞争力提升的主要源泉,并在企业价值的创造与转移中起着至关重要的作用。传统的人力资源管理模式看似稳定,实际上隐患重重,在员工中很容易出现相互推诿、"扯皮"现象。大智移云时代的到来,信息的传递呈现出碎片化的特征,只有充分发挥人的主观能动性、创造性才能提高海量数据的生产力,因此,以人为本将对大智移云时代财务管理工作产生影响。例如,长期以来,财务人员都是脱离了企业的业务实际,坐在办公室中闭门造车,业务财务人员则实现了将财务与业务的完美结合。财务人员只有深入企业的各个业务部门和环节,将业务信息直接转变为各种有价值的财务信息,才能为企业提供更为专业的财务分析。在这一方面,海尔集团的业务财务人员的成功转型就做得比较好。

(三)信息技术的支持将大大提升财务管理能力

现代信息技术的发展带动了物联网、互联网、企业内部网络的迅猛发展,也促进了大智移云时代的发展。如果离开了信息技术的支持,数据的收集、处理、输出、分析等将受到重重阻碍,现代信息技术已经成为现代企业竞争中获胜的重要手段,以及击败对手的重要武器。例如,物联网就以其广泛的通信网络作为基础,实现了物联网与信息需求的结合。随着大智移云时代的到来,先进的信息技术为了顺应企业经营管理者的需要而得到不断发展,企业的财务管理者在大数据背景下,降低了资金成本、提高了资金使用效率,为企业的发展带来了丰厚的利润。

总之,随着大智移云时代的到来,企业选择数据、处理数据、分析数据、整合数据的能力将不断增强。面对新形势,企业的财务工作必须及时创新才能确保企业的健康、稳定、可持续发展。

第三节　大智移云时代下企业财务管理的风险挑战

一、公司价值内涵与驱动因素的变化

企业财务管理的根本目标是实现企业价值最大化。但在财务管理理论和实践中，很多财务学者几乎将"公司价值"的概念等同于"公司股价"来理解，或者说公司市值（股价）是公司价值最直观的表达。由于对概念的混淆，"市价"成为财务决策与评价理论的主要甚至唯一标准。现有财务原理认为，对于企业所有者、债权人、管理者等，企业的内涵价值多是由企业利润、现金流、净资产等决定的，所以把市盈率、市净率、市销率或者现金流折现法等作为公司估值的基本方法，强调未来的盈利、自由现金流和股利分红等能力是公司价值的本源。

然而，当今国内外资本市场的股价表现，越来越远离于现行财务理论的价值主张。例如，腾讯控股 2014 年半年报显示，其净利润约为 122.93 亿元，其最新市值约为 9124.50 亿元。而中国石化 2014 年上半年的净利润约为 314 亿元，但是市值只有近 6000 亿元。再以国有四大银行为例，中国银行 2014 年前三季度实现归属于上市公司股东的净利润最低，但也达 1311.33 亿元，最高的工商银行达 2204.64 亿元，建设银行和农业银行前三季度的净利润分别为 1902.98 亿元和 1524.39 亿元。尽管盈利较高，但在市值方面，只有工商银行以人民币 9688.67 亿元的 A 股市值，稍稍超过了腾讯控股市值。

由此可见，在大智移云时代，投资者对公司价值的认知与判断，已经不再局限于企业现在或未来的利润、现金流、财务分红、营业收入等财务信息，更多的是基于企业的商业模式、核心竞争能力和企业持续创新能力，这些能力的强弱并非由股东财务投入或企业拥有的财务资源规模所决定。其决定资源可以是点击率、用户群、信息平台等，甚至可以是数据本身。根据预测，大数据挖掘和应用可以创造出超万亿美元的价值，数据将成为企业的利润之源。拥有数据的规模、活性，以及收集、运用数据的能力，将决定企业的核心竞争力。

对当今企业成功与否的评判，也不再仅仅依靠财务指标，而主要是根据企业在市场中获取客户的能力。但是传统财务理论很少关注企业盈利模式问题，似乎这与商业模式无关。即使有相关财务理论提及"商业模式"这个概念，也都只是轻描淡写，因此这是财务理论导向上的缺陷。尽管在现实中，企业价值很大程度上需要通过金融市场来反映，但是从根本上看，企业价值最大化的目标还是要通过在商品市场进行商业经营的过程中赢得有利可图的客户并形成独到的商业模式来实现。

其实，现金流折现法估值技术主要适合债券、优先股和其他固定收益的证券估值或者

定期、定额分配股利的股票估值，不适合对具有明显增长机会和无形资产数额较大的公司进行估值，更不适合于研发投入较多的高科技公司和新经济企业。

根据最近两年资本市场的股价表现可知，创新、"触网（互联网）"是大智移云环境对企业商业模式的基本要求。企业只有"触网"，才能充分利用大智移云进行精细化的数据挖掘，实时把握差异化的客户需求，根据用户不同的兴趣和需求推出不同的产品或服务，持续改进用户体验。这种商业模式不以财务资本投入为重要驱动因素，而是依靠技术创新、系统建设、品牌运作、服务提升、流程再造等无形资本来发展企业。

二、财务决策信息去边界化

前面提及的中石油的"大司库"系统和万达集团的"财务游戏要领"，尽管从名称上看，财务管理色彩还是比较浓厚，但是从管理的内容上分析，它们已经大大超越财务资金管理、成本控制的范围，或者说这些财务管理的制度设计已经把财务管理、成本控制、预算体系、业务经营、项目管理等融为一体，并且在大智移云的环境下将所有管理内容数据化、模块化。从财务决策与分析的信息类别来看，除了财务会计信息外，更多的是行业发展信息、资本市场与货币市场信息、客户与供应商的信息、企业内部的战略规划、业务经营、成本质量技术研发、人力资本和业务单位的各种信息。

在大数据、互联网时代，企业获得决策信息的成本更低、速度更快、针对性更强，企业内部尤其是大型集团企业内部的各级子公司和分公司、各个部门和业务单元因长期独立运作而形成的"信息孤岛"被打破，实现了财务与业务信息的一体化。

在大智移云背景下，如果数据在企业内部不能互联互通、无法整合，就会影响企业对大数据的统一管理与价值挖掘。实现数据集中是利用大数据的第一步。因此，实现企业财务与业务一体化，打破传统财务信息边界是传统财务管理变革的必然方向。

三、投资决策标准变革

现行财务理论认为，一个投资决策是否可行，其标准在于是否能提高财务资本回报率或股东财务收益，当然货币时间价值是必须考虑的因素，所以财务学较为成熟的投资项目评估方法（如净现值、内部收益率等）应用特别广泛，基本原理均是基于对投资项目预计现金流折现的判断。而在大智移云时代，这些评估技术的弊端日益显现：一是表现在对预计现金流的估计上，如果对预计现金流的估计不准确，则可能直接导致错误的投资项目决策；二是这些评估方法已经不适合对现金流较少或者未来现金流不明显、不明确的投资项目进行评价，或者说这些评价技术只适用于传统的重资产经营模式。

缺乏对企业战略的深度考虑和盈利模式的基本考虑是财务决策较为突出的问题。关于投资决策标准的变革，阿里巴巴执行副主席蔡崇信曾表示，"阿里在收购时有着清晰的战略目标和严格的纪律，投资时遵循三个标准。第一个标准是增加用户数量；第二个标准是提升用户体验,如阿里与海尔合作,特别是和物流公司的合资,提升在白色家电领域的购物体验;第三个标准是扩张阿里的产品和服务种类,因为公司的长期目标是获得用户的更多消费份额。怎么样给用户提供更多服务和产品是阿里长期的目标。"

按照这种主张,不能再认为评估投资项目的可行与否是完全基于其未来盈利能力或现金流水平等,因为这并不是对当今投资项目的成功与否、有效性大小的驱动因素的深度、全方位挖掘。当然,这种挖掘在非大数据、互联网时代特别困难。而在大智移云时代,企业可以得到海量、多样、准确的信息,如客户与供应商的身份信息、相关交易数据、外界环境变化、行业前景等,这些信息是企业进行投资判断的重要依据。对相关的数据进行关联分析可以为投资决策提供依据,但对看似不相关的数据进行关联性分析,或许正是发现新的投资机会的便捷途径之一,沃尔玛啤酒与婴儿纸尿布的关联销售便是例子。

对大数据的利用可以解决投资项目评估方法的两个弊端。首先,大数据本身具备数据的规模性、多样性、高速性和真实性等特征,这将为现金流较多的投资项目估计的准确性提供保障。其次,对于现金流较少的战略性投资项目,大数据的利用不仅可以从传统财务角度进行考查,还可以从企业获得的资源(顾客、产业链等)与前景(市场份额、行业地位等)等方面进行全面评估。除此之外,在对投资结果的验证与反馈方面,大数据技术的运用可以对项目投资中和投资后形成的新数据进行实时、准确、全面地收集与评价,进而将项目实施后的实时数据与投资前评估项目的预期进行对比,并将前后差异形成项目动态反馈。这种动态反馈在监控投资项目进行的同时,也可以帮助企业累积评估经验,提高企业未来项目投资的成功率。

四、公司治理创新

随着信息的频繁流动,传统企业再想通过强大的体制控制力,或者利用信息不对称进行较为封闭的公司治理与财务管理的模式,越来越行不通了。

现实中,"触网"的企业基本上都是以"合伙人制度"取代了公司治理中的雇佣制度。在互联网经营时代,公司成功因素最重要的是团队,其次才是产品,有好的团队才有可能做出好产品,合伙人的重要性超过了商业模式和行业选择。黎万强在《参与感》一书中还强调:"员工要有创业心态,对所做的事情要极度的喜欢,员工有创业心态就会自我燃烧,就会有更高的主动性,这就不需要设定一堆管理制度或者关键绩效指标(KPI)什么的""小米没有 KPI,不意味着我们公司没有目标。小米对于这个目标是如何分解呢?我们不是把 KPI 压给员工,我们是合伙人在负责 KPI 的。我们确定 KPI,其实更多的是判断一个公司增长的阶梯,我到底到了哪个阶梯,因为我们需要把这个信息测算清楚,以后好分配调度资源。相比结果,小米更关注过程。员工只要把过程做好了,结果是自然的。"

曾有研究者提出公司治理的四种基本路径,包括内部控制机制、外部控制机制、法律与政治以及产品市场竞争。如今公司财务、金融市场之所以能够实现健康发展与有效运作,主要依赖于内部治理、外部监管等制度，以及企业重视"对经营者与员工的监督"。与此同时，企业却忽视了企业创新、产品竞争、公司文化的形成，忽视了信任和激励的作用。

在大数据和互联网时代，知识和创新助力企业发展。"人力资本"和"信息"取代财务资本，成为企业的生命之源和价值之根。企业员工广泛参与决策制度也必然影响企业决策组织结构与决策文化。由于动态的外部环境、分散的知识分布等特点，分散式决策是大数据环境下决策的主要形式。企业应尽力减少内部管理层级，鼓励打破层级的交流，建设组织共享、服务协调、鼓励自主学习和尝试创新的文化，关注内部信息流、知识和技能，更胜于关心管理架构或决策体系。除此之外，随着企业对大数据价值分析与挖掘的逐步深入，财务决策机制应从业务驱动型向数据驱动型转变。企业员工运用一线大数据分析结果，形成基于数据决策的学习型企业文化与制度。

五、企业财务风险管理理论重构

对风险的识别与防控无疑是企业财务管理的核心与灵魂。财务理论中有关风险的核心观点与内容应该包括以下方面。（1）财务理论中所指的"风险"主要来源于数理分析中的"风险性和不确定性"事件。虽然有时候财务理论也强调"风险性"和"不确定性"之间的差异，但是在"主观概率的"引导下，几乎把"风险性"与"不确定性"等同起来看待。（2）财务理论大多关注如何"减低"企业流动性风险（偿付能力）等具体的风险。（3）在风险防范的对策方面，财务理论所提供的解决方法，一是对资本结构进行适当水平的动态调整，二是结合证券投资理念中的投资组合思想。巴菲特认为，学术界对风险的定义有本质错误，风险应指"损失或损害的可能性"而不是贝塔值衡量的价格波动性；用贝塔值衡量风险精确但不正确，贝塔值无法衡量企业之间内在经营风险的巨大差异。显然，这样的财务管理理论在风险与风险管理理念、内容和技术方面均存在缺陷，仅从数理角度去表达、计算以及探索风险防范的理论范式本身就存在较大的风险。因此，在大智移云时代，财务风险管理理论需要在多方面进行重构。

第一，财务风险概念重构。财务风险是一个多视角、多元化、多层次的综合性概念。一个现实的、理性的财务风险研究理论应该是在对风险要素、风险成因、风险现象等不同财务风险层次的理解和研究的基础上形成的。

第二，风险防控对策重构，要特别关注各类风险的组合和匹配。如格玛沃特曾指出，当经济处于低迷期时，企业需要在投资导致财务危机的风险与不投资带来竞争地位的损失之间进行权衡。当经济处于萧条期时，如果企业过度强调投资带来的财务风险，那将以承受不投资导致竞争地位下降的风险为代价。因此，企业需要根据对经济环境的判断，平衡投资财务风险和投资竞争风险。相比于流动性风险而言，企业对低盈利能力项目的过度投资和错失高盈利项目机会更可怕。

第三，风险评估系统重构。企业应降低对防范风险的金融工具的依赖。大智移云背景下的财务管理理论应以实用为原则,围绕如何建立更加有效的评估企业经营风险状况的预警系统进行深入探讨,良好的风险预测能力是防范风险的利器。对企业经营风险的控制,需要企业建立基于大数据、能够进行多维度情景预测的模型。预测模型可以用于测试新产品、新兴市场、企业并购的投资风险。预测模型将预测分析学和统计建模、数据挖掘等技术结合,用来评估潜在威胁与风险,以达到控制项目风险的目的。如万达集团基于大数据的预测模型,既是预算管控的最佳工具,也是风险评估与预防的有效平台。

六、融资方式调整

随着互联网经营的深入,企业的财务资源配置都倾向于"轻资产模式"。轻资产模式的主要特征有:大幅度减少固定资产和存货方面的财务投资,以内源融资或OPM(用别人即供应商的钱经营获利)为主,很少依赖银行贷款等间接融资,奉行无股利或低股利分红,时常保持较充裕的现金储备。

轻资产模式使企业的财务融资逐步实现"去杠杆化生存",逐渐摆脱了商业银行总是基于"重资产"的财务报表与抵押资产的信贷审核方法。在互联网经营的时代,由于企业经营透明度的不断提高,按照传统财务理论强调适当提高财务杠杆以增加股东价值的财务思维越来越不合时宜。

另外,传统财务管理割裂了企业内融资、投资、业务经营等活动,或者说企业融资的目的仅是满足企业投资与业务经营的需要,控制财务结构风险也是局限于资本结构本身来思考。互联网时代使得企业的融资与业务经营全面整合,业务经营本身就隐含着财务融资。

大数据与金融行业的结合产生了互联网金融这一产业,从中小企业角度而言其匹配资金供需效率要远远高于传统金融机构。以阿里金融为例,阿里客户的信用状况、产品质量、投诉情况等数据都在阿里系统中,阿里金融根据阿里平台的大数据与云计算可以对客户进行风险评级以及违约概率的计算,为优质的小微客户提供信贷服务。

第四节 大智移云时代下企业财务管理的变革路径

一、大智移云背景下企业财务管理的变革

大数据背景下,企业财务管理工作必然受到影响。笔者在此将详细分析大智移云时代背景下企业财务管理发生的变革,具体阐述如下。

（一）企业情报挖掘系统

随着全球经济一体化趋势的日益加快，企业面临的内外部环境发生了较大的变化。它需要企业能够通过快速响应与大胆创新来获得内外部的渠道情报，从而构筑一个更具竞争力的战略决策体系。在大智移云时代背景下，企业获得情报的主要外部途径有互联网渠道、竞争情报、客户数据、政策阅读、外部环境以及一些标杆性企业等。那么，从内部渠道来讲，企业可以通过对自身信息系统与门户网站等分析来挖掘出一些信息数据。当然，这些企业内部的数据信息应该要在内部的私有云上运行，可以大大提高这些数据信息的安全性与可靠性。这需要企业构建一个以计算关键技术为核心的大智移云处理平台，从而为企业提供一个更为有效的数据管理工具。

（二）大智移云智慧预测系统

在大智移云时代背景下，企业要从海量的数据信息中获得有效的信息，这就要求企业应有一个大智移云预测分析系统，让企业能够从原先那种繁杂的数据监测与识别工作中解脱出来，让企业拥有更多的时间来进行决策与分析。事实上，这样的智慧预测系统有助于企业提高自身对于海量信息的洞察力，以开发出很多新的产品，提高企业的运营效率与效果。它可以针对不同的企业提供自定义功能，让企业能够获得更高价值的客户，最大限度地降低企业经营风险，提高企业的经营效益。

（三）大智移云舆情监测系统

这个系统可以细分为舆情管理、舆情分析处理子系统。其中，舆情管理子系统可以对企业的各种信息进行全面性且不间断的监测与跟踪，尤其是能够追踪到一些热点事件，它可以对网络上的各种媒体形式，如微博、论坛等互联网网站进行监测与跟踪。舆情分析处理子系统则是针对一些特殊的事件与专题，对其相关信息进行分类加工，尤其是要对一些负面信息进行甄别，提高企业的主动应对能力。这样的监测系统可以帮助企业提高对海量信息的选择与应用能力。

（四）大智移云用户评价互动系统

这种评价系统就是充分利用智慧语义感知技术来给大数据用户提供一个一站式的用户评价功能，在及时收到用户反馈信息的同时给出一定的回复，从而实现与用户之间的良性互动。在这个评价互动系统中，主要包含了用户评价实时聆听、用户评价自动分析、用户评价挖掘以及用户评价的机器互动四个方面，财务人员在进行企业的财务管理工作时应用该互动系统，有利于提高企业财务管理中的信息质量。

二、大智移云背景下企业财务管理变革的基本路径

大智移云作为一种全新的科技产物,为企业财务管理工作开启了一种全新的思维方式,为企业开辟了更为广阔的发展空间。它使企业财务管理不再局限于传统的模式与理念,而是向着更为广泛的领域延伸,例如,可以让企业财务管理工作渗透到销售、研发、人力资源等多个领域中。它也让企业的财务管理工作的定位与任务发生了一定的改变,跟企业相关的一切数据收集、处理与分析都可以作为企业的财务管理主要内容。因此,我们说大智移云时代下的企业财务管理把一些传统财务管理中不包含的内容纳入进来,可以称之为大财务。它对企业财务管理工作产生了革命性的影响,从而引导企业财务管理走上变革之路。具体的变革路径阐述如下。

(一)企业管理会计的面貌将实现重塑

大智移云下的企业财务管理工作将以大数据作为基础,在企业内部开展全面预算管理、资金集中管理与内部控制等,从而让企业财务管理工作能够高效且顺畅地进行下去。这就让企业的管理会计能够超越传统的财务会计的局限性,为企业提供决策与管理的可靠依据,提高企业的价值。

(二)企业的财务管理工作更具前瞻性性与智慧性

大智移云下的企业财务管理工作由于有了大数据的有效支撑,可以让企业在进行决策的时候充分挖掘出海量数据信息中有用的部分,减少企业面临的潜在风险,并对企业的未来发展做出较为准确的预测。大智移云时代下企业还可以充分利用大智移云技术让财务管理人员对企业的财务管理工作进行量化分析,为不同流程与不同方案中的各种收入与风险等提供最优化的企业财务管理方案。

(三)企业更易实现财务创新

大智移云时代背景下,企业的财务管理工作可以大大减少企业中一些信息不够对称的问题,显著提高企业的经济效益,增强股东对企业管理层的约束力与监督力。这是因为大数据让企业的信息数据更为均等的分布开来,可以接受网络监督与其他企业的监督,并可以驱动企业创新,使企业挖掘出最大化的价值增长机会,让企业的决策更具战略性。

三、大智移云背景下企业财务管理创新的路径

大智移云背景下,企业经营管理过程中接触的数据量越来越大、数据类型越来越复杂,传统的财务管理已经不能满足新经济形势的更高的需求。因此,财务管理需要做出适应性的转型,"大数据"这一热门词汇的风靡,使社会各领域都开始关注它,这也为企业的财务管理工作开辟了一种崭新的思维模式,延伸了传统的财务管理领域。在大智移云背景下,

为了实现企业财务管理的成功转型，推动企业健康持续发展、提升企业价值，具体的财务管理创新路径阐述如下。

（一）培育大智移云管理意识

随着信息的大爆炸，大数据的横空出世，大数据的影响逐渐渗透到社会的各个领域，大智移云已经来临，未来也不可能消失，企业需要做的就是抓住大数据带来的商业机遇，增强竞争实力，抢占先机获取更多的市场份额。目前大多数企业对大数据的重视不够，不能够意识到企业环境的大变化，不能够从大数据中发现优势，在未来的竞争中胜出对手。财务管理肩负着企业管理的重要责任，大智移云时代使得未来的财务管理要基于大数据开展，因此，可以通过培育管理层的大数据管理意识，达到引导企业员工形成大数据意识的目的，使企业上下都树立起大数据意识。

（二）创新企业财务管理组织结构

组织结构是支撑产品生产、技术引进、经济活动和其他企业活动的运筹体系，是企业的"骨骼"系统。过去企业的财务管理组织结构大多采用职能部门化方式，通常设有财务部、会计部、资金部等部门。大智移云时代的来临，企业财务管理组织结构要做出适应性的变革，主要有以下三个方面：一是基于原有财务管理组织结构，在财务管理组织内部增设专门的部门，管理所有的财务数据、非财务数据等大量的商业数据，管理财务大智移云中心开发平台；二是考虑到传统财务人员自身能力的局限性，在财务管理专门部门中配备适当比例的数据分析人员，他们通过运用统计学分析、商业智能化、数据分析处理等技术，从海量的数据中挖掘出潜在的、有价值的、有意义的信息，为企业管理者做出正确的决策提供数据支持；三是大智移云的横空出世，使财务管理摒弃了以往孤立工作的理念，更多地进行跨部门的合作，财务部门与企业其他业务部门的联系更加密切，财务数据的数量更大、类型更多样性、来源更加广泛，大智移云下的企业财务管理需要企业全员的广泛参与。

（三）建立财务管理信息化制度

大智移云时代信息化、网络化飞速发展，为了适应信息化的新经济形势，研究者提出了建立财务管理信息化制度的想法，这不仅需要开放的网络信息环境、统一的财务制度，还需要搭建财务数据中心平台和配备专业人员。

具体来说包括以下几个方面。一是网络信息环境。企业内部情况和外部环境变化是网络信息环境考虑的基本因素，另外，还包括国家政策、行业特点、人力资源、物力资源等多种因素。二是统一的财务制度。采取统一的财务制度，可以对资金的流动进行有效的管控，提高资金运营管理的效率，确保资金的安全性和完整性，同时可以很大程度上防止财权的分散和弱化。三是财务数据中心平台。企业通过应用大智移云技术，积极构建财务大智移云中心平台，管理财务数据和非财务数据等，运用数据仓库、数据挖掘等关键技术，从大量的数据中分析提取出有价值的信息，为企业管理层提供实时、准确、完整的信息，有利于企业更有效更准确地进行财务管理工作，防范企业所要面临的潜在风险，从而可以对企业未来的发展做出更具前瞻性、智慧性的预测。四是配备专业人员。重视人力资源，加强培养企业员工的信息化素质，同时企业需要配备大智移云专业技术人才。

（四）构建财务管理智能系统

大数据包含的信息价值巨大，但密度值很低，所以大数据的焦点是从海量数据中挖掘潜在有价值的信息。而商业智能正是通过运用数据仓库、数据分析、数据挖掘等先进的科学技术，将海量的数据快速及时地转化成知识，为企业的决策和战略发展提供信息支持。因此，商业智能是大数据的核心应用。当今，大智移云时代带来了信息大爆炸，企业要想在激烈的市场竞争中脱颖而出，决策速度和准确度的重要性已经毋庸置疑，而财务管理是企业管理的核心，直接反映着企业的经营状况。因此，在财务管理方面运用商业智能，通过新技术方法，将财务大数据快速及时地转化为可为决策提供支持的有价值的信息，构建财务管理智能系统变得非常重要，企业应将企业财务管理与商业智能相结合。下面将从三个方面阐述财务管理智能系统的具体应用。

1. 财务分析

针对企业过去的及现在的财务大数据，财务分析系统能够采用数据挖掘分类技术和预测技术等，对其进行更加深度的加工、整理、分析及评价，从而全面准确了解企业的筹资活动、投资活动、经营活动的偿债能力、营运能力、盈利能力及发展能力状况。为企业的投资者、债权者、经营管理者和其他关心企业的组织及个人认识企业的过去表现，评估企业的现在状况，预测出企业的未来形势，做出正确的决策和估价提供了及时准确的信息依据。

2. 财务预测

财务预测的内容包括资金的预测、成本和费用的预测、营业收入的预测、销售额的预测、利润的预测等，为财务人员掌控未来的不确定性提供参考。在大智移云时代下，财务预测系统的建设能够实时监控财务预算的执行和完成情况，从而适应经济市场环境的变化，不断调整和完善财务预算方案，提高企业随机应变的能力。财务预测系统采用商业智能中的回归、神经网络等技术，其功能不断完善，能迅速、准确地预测企业未来的财务状况和经营成果。

3. 财务决策支持

财务决策是选取与确定财务方案、财务政策，其目的是确定最让人满意的财务方案。财务决策内容主要有筹资决策、投资决策、股利分配决策等，这些内容都可以通过财务决策支持系统来完成，运用前沿商业智能技术，从海量的财务大数据中提取相关数据，并进行数据联机分析处理，为管理层决策提供支持。

（五）提升数据管理水平

企业的数据是其拥有的十分重要的资源，以往数据的价值可能被忽视，企业领导和员工没有认识到"大数据"将是未来企业竞争的制胜法宝，如有些重要的数据不能够及时、充分地被汇集起来，影响企业的决策；数据缺乏统一的分类标准，使得数据整合工作面临很大的困难；过去的大量数据失去后续的利用价值等。而大智移云时代的到来，使我们意识到数据的重要性，同时也给财务管理创新带来了新的方向，即应加强数据的收集、存储、分析、应用，提升数据管理水平。

一是数据收集。大智移云时代，财务管理活动将更多地依靠数据，用数据说话，拥有庞大的数据资源是财务管理的基础。过去财务管理活动中，常会出现掌握的现有数据难以满足决策的需要，影响决策的效率。因此，应加强数据的收集，为财务管理活动提供更广泛的数据资源。一方面，政府要积极引导企业的会计信息化工作，给企业提供技术方面的支持，帮助企业更好地加强数据的收集和利用；另一方面，企业自身应把数据规划的工作做好，建立适合企业实际情况的数据收集框架体系，在此基础上开展数据收集活动。

二是数据存储。大智移云时代，数据迅速膨胀，形成庞大的数据洪流，企业在收集阶段所获取的数据量非常庞大，企业目前的数据存储软件和硬件技术难以满足新需求，这会在很大程度上降低数据分析和应用的效率以及质量。因此，企业需要建立良好的数据库。一方面，以涵盖大智移云技术的先进存储服务器作为硬件保障；另一方面，企业要做好数据库结构规划设计，针对数据要素制定统一的分类标准。

三是数据分析。大数据的重要意义在于其潜藏的价值信息，而数据挖掘、数据分析能够有效、及时地使我们深入数据内部，精炼数据，挖掘价值。现代财务管理活动在数据收集、数据存储阶段已经汇集了大量的数据，接下来应运用大数据分析及挖掘技术，从巨大规模的数据中，有效率地找出有价值的信息，以帮助需求者更好地适应变化，使决策者做出更加高效、明智的决策。

四是数据应用。目前，企业对大数据的需求越来越迫切，未来企业竞争的关键是数据资源。财务数据和相关的业务数据不仅仅只是企业经营活动的记录符号，还是企业价值创造的助推剂。企业财务管理中应充分发挥大数据的优势，利用大数据分析及挖掘产生的有价值信息，辅助决策者进行决策，间接地推动企业业绩的增长。

（六）建设大智移云财务人才队伍

在大智移云技术的助力下，财务管理者可以有效地提升财务管理的水平，降低投资的成本，给企业带来更多的利润。由此，大智移云为财务人才提供了更多的创造人生价值的机会。同时，随着大智移云技术的不断成熟，改变了企业的经营管理模式，对财务管理人员的能力和素质提出了更高更全面的要求，财务管理人员开始由财务专才向业务全才转型，大智移云时代下的财务管理人员不仅需要掌握会计学、财务管理等专业领域的理论知识，还需要对统计学、计算机科学、设计学等方面的知识进行学习和掌握,提高自身综合能力,为提高大智移云技术在财务管理中的应用水平提供支持。但是当前很多企业都缺乏相应的人才储备,而现有财务队伍能力素质一般较低,难以实现对财务大数据的分析和挖掘,不利于企业做出及时准确的决策。所以,在大智移云时代,随着信息和网络技术的快速发展,企业应加强培养员工的信息化素质,使财务管理人员熟悉多层次的信息技术系统并掌握相对应的业务知识,全面提高企业财务管理人员的综合能力,着力建设大数据财务人才队伍,使企业能够真正运用大数据技术集中、分析、整理、传递财务数据,从而帮助企业管理层做出最优的财务决策。

第八章　大智移云背景下企业财务共享理论

第一节　共享服务的概念及发展

20世纪80年代，共享服务首先在美国的福特公司开始实施，之后的1993年Gunn Partners公司的几个创始人首次确定了共享服务这一创新管理思想。布赖恩·伯杰伦在他的《共享服务精要》一书中是这样定义共享服务：将共享服务看成是企业的合作战略中的一个全新的半自主的业务单元，包含并替代现有的经营职能。该业务单元以降低成本、提高效率、创造更高的经济价值、提高对内部客户的服务质量为目标，并拥有相应的管理机构，保障其能够像企业一样，独立自主地在市场中开展竞争。陈虎和孙彦从在研究国内共享服务的相关专著和论文之后，认为共享服务的出现和发展源于信息网络技术的推动，它是一种创新的运营管理模式。与以往传统的管理模式不同的是，它更加注重以顾客需求为导向，所提供的专业化共享服务是以市场价格和服务水平协议为基准，将过去企业内部各业务单元分散的、重复性较高的业务整合到共享中心集中处理，达到整合资源、降低成本的目的。同时，使各业务单元集中精力和资源专注于核心业务，达到提高效率、保证客户满意的效果。

"共享服务"这一创新管理理念被提出之后，受到越来越多公司的重视和采用。主要是随着企业规模不断扩大，造成每个分、子公司需要配备同样财务、采购、人力人员，且由于地区和公司差异造成各分、子公司的流程和标准的差异和多样，各个业务单位的业务量不均，这些从整个集团公司层面来说在浪费资源的同时大大降低了各项业务的处理效率。对于现代企业而言，"共享服务"成为企业业务流程再造和标准化、提高服务质量、降低成本、提高效率的最有效管理模式。

共享服务主要有以下方面的特点。

（1）共享性。这是共享服务中最突出的特点，将重复性高、易于标准化的业务进行共享处理，可共享的业务范围比较广泛。

（2）技术性。共享服务中心的建立和运行在很大程度上依赖于高效率的信息技术、高度集成的软件系统。信息技术的高度发展可以使共享中心的功能进一步扩展。

（3）规模性。共享可以使企业原先协调性差和差异性大的业务合并，进行标准化和流程化处理，形成规模性，大大降低企业成本。

（4）协议性。共享服务是一个半自主的业务单元，通过与其他业务单元签订服务水平协议，来界定相互关系和明确服务内容、期限、质量标准。

（5）服务性。满足客户需求、提高客户满意度是共享服务的服务宗旨。共享服务在为内部业务单位提供服务的同时也可以为外部客户提供服务，服务成为一种商品，按照签订的协议收费。

共享服务的优势集中体现在：①降低成本；②提高运营效率；③优化流程，更加标准化；④加强企业风险管控；在实现企业管理效率提升的同时，实现集团运行价值的提升。

第二节 财务共享服务模式的理论概述

一、基本内涵

财务共享服务起源于20世纪80年代的美国，德勤对全球共享服务进行调查，结果显示，受访企业采用共享服务主要集中在以下领域：财务（93%）、人力资源（60%）、信息技术（48%）和采购（47%），共享服务应用最广泛的领域是企业的财务管理领域。

近些年，有不同学者对财务共享服务的内涵进行了研究。本研究对其定义如下：把原先各业务单位分散的、重复性较高、易于标准化的业务整合到财务共享中心，这是一个由集团总部控制的半自主的业务单元，为众多的分、子公司按照签订服务水平协议统一提供财务共享服务，财务共享中心可以发挥规模经济和资源整合的作用，在为分、子公司降低财务处理成本的同时，可以使其专注于财务决策和分析等核心业务，发挥管理会计的作用。它是共享服务在财务管理领域的拓展，是一种重要的财务管理手段及管控模式。财务共享服务的发展高度依托于信息技术的更新和快速发展。

二、相关理论基础

1. 流程再造理论

迈克尔·汉默提出了业务流程重组的思想，在满足客户需求的基础上，对企业目前的业务流程进行重组再造，改变企业传统组织结构和流程。有研究者认为流程的再造和共享是财务共享服务的核心，要根据流程再造理论的内涵开展财务共享。流程再造首先从整体出发，对重复的流程进行再造；其次主要着手于对组织架构和业务方式的再造，从而配合流程的再造，改变企业整体经营管理方式并相互连接，使流程更加顺畅，提升企业整体绩效；最后就是注重信息传递的共享、可靠和及时，为业务处理和决策提供可靠依据。

2. 资源整合理论

企业的资源有不同的来源、内容、层次和结构。资源整合就是要将这些不同资源通过选择、汲取、激活和融合，将原有资源创造成新的资源，使其更具有柔性、条理性、系统性和价值型的一个动态过程。企业建立财务共享服务系统就是这样一个将资源拆分又整合的过程，其结果是使企业的成本降低，处理效率提升。

3. 扁平化理论

扁平化是通过将原有的多个层级的管理组织进行精简，降低管理跨度，使高层决策能快速地传递到企业的各个管理组织，使基层的各个组织都能了解企业的高层决策并参与其中，促使决策更加透明和准确。财务共享则正是改变以财务部为中心的传统组织结构，在流程再造和资源整合之后将基础的重复性高的财务核算工作的处理放在共享中心，其处理结果可以快速传递和共享，从基层到高层各级都能迅速获取所需要的财务信息。

4. 系统科学理论

系统是由不同要素构成的一个有机整体，这些要素相互联系和作用。企业财务共享平台也是一个系统，它其实就是系统性地生成问题，并系统性地解决问题，系统性地达到企业降低成本、提高决策能力等方面的目标。企业财务共享是系统科学在企业财务领域、管理领域、价值管理领域、信息管理领域的新的管理方式及应用。在系统科学视野下，探讨企业财务共享系统内外环境、各要素之间的协调合作，探索财务共享系统运行的流程、规律及结果，对丰富和发展企业财务共享平台系统具有重要的理论价值和应用价值。

三、适用范围

企业的财务业务分为基本处理业务和基本决策业务，其中基本处理业务包括应收/应付、明细账管理、总账及报表、资金管理等。财务共享服务通过流程再造，使这些财务基本处理业务按照标准化流程、统一运作模式、数据口径和技术进行处理，这样财务流程将更规范、标准和高效；基本决策业务包括财务报告和财务分析，通过财务共享服务的集中处理所产生的大量高质量的数据信息，可以为财务管理和决策提供更可靠的数据支持。根据安永咨询（2015年）财务共享服务调查报告可知，在已实现的财务共享服务的流程中，费用报销、应付账款、总账、应收账款、现金结算、财务报告排在前几位，流程共享的程度最高。

四、关键成功因素

近些年，有许多国内外学者对财务共享成功实施的关键因素进行了研究。张瑞君、陈虎和张永冀（2010年）采用案例分析方法，对中兴通讯成功实施财务共享的关键因素进行了分析。何瑛、周访（2013年）选取我国实施财务共享的集团企业为样本，进行问卷调查，通过实证分析和检验，得出结论。财务共享成功实施的关键因素主要有以下几个方面。

（1）战略规划。正确的战略规划对财务共享服务的成功实施具有正向作用，其主要内容包括战略选择、战略结构和战略职能规划。财务共享服务的战略规划往往和整个企业的战略规划一致。

（2）信息系统。信息技术支持信息交互和跨地域远程服务，使处在全球各地的分、子公司建立统一的财务共享服务系统成为现实，财务共享服务系统的基础支撑是良好的财务共享信息系统平台。信息技术的发展将企业原有的相对独立的系统进行全面整合，搭建起财务共享下的企业业务、财务、管理、战略的互联互通平台，发挥整个系统的协调作用。

（3）流程管理。流程再造是财务共享服务的基本理论。财务共享服务颠覆了传统会计流程和模式，但流程管理的过程并不是一蹴而就的，而是一个持续优化和改善的过程，流程管理不仅能为客户创造价值，更重要的是流程管理能不断提升企业成本优势，从而提升企业整体价值和可持续发展能力。

（4）人员管理。新的财务管理方式需要根据具体业务进行人员调整，人员的培训和调整需要与其岗位和技能相匹配。在这一过程中，会给员工带来风险并使员工产生抵触情绪，所以应重视对员工的培训。让员工了解财务共享服务系统的建立所带给他们的利益，获得员工支持，并鼓励各位员工积极提升自身能力、明白自身任务并参与到财务共享服务系统的构建过程中来。同时人员技能提升将促进财务共享服务系统的顺利实施。

此外影响财务共享的关键因素还有诸如组织管理、绩效管理、管理层支持、适宜的变革进度等多方面因素。

五、实施价值

根据中兴通讯（2012年）《财务共享服务行业的调查报告》可知，已经建立财务共享服务系统的企业发挥出了其独特优势，主要体现在以下几个方面。①工作效率提升，业务流程更加标准化；②财务资源释放，公司主要精力集中在战略决策上；③统一各地业务标准；④提升服务效果、信息管理能力和沟通效果；⑤节约成本；⑥提升员工和客户满意度。目前国内外企业都认为财务共享模式所带来的财务职能的转型、财务流程的标准和效率的提升推动企业整体价值的提升，安永咨询（2015年）也反映出这一结果。

第三节　大智移云背景下的财务共享理论

一、"大数据"提升财务共享平台决策能力

大智移云时代，数据的价值被不断挖掘，数据成为企业一种重要的商业资本。利用大数据可以变革传统的商业模式，可以不断创新产品和技术、提升企业的市场竞争能力。在企业财务共享平台上，会产生并积累大量的财务数据，这些财务数据是企业进行分析、处理、决策的重要信息来源。

首先，云计算和大数据的结合，可以使财务共享平台的流程更加标准和优化。在日常运行和处理过程中，对于产生和积累的大量数据，可以利用数据挖掘等技术发现财务共享平台运行中所出现的问题，并进行优化和调整。其次，利用大数据处理技术进行及时进行数据处理和分析，如进行成本盈利分析、财务预算和预测分析、企业绩效分析、客户信息风险分析等，为企业日常决策和战略规划提供信息共享和支持，促进管理会计职能的发挥。最后，利用大数据为企业从大量财务数据中挖掘商业机会，发现有价值的产品和市场。

二、"智能化"推动财务工作智能化、流程化、标准化发展

物联网的发展为会计信息的收集、加工、处理、存储、传输、检索、运用提供了强大的技术支持，物联网技术的高度发展把整个地球连接成一个智慧型的信息网络，会计信息生产和处理速度极大提高、智能化的信息管理系统等将使会计成本急速下降。在这种情况下，物联网必然会对会计信息化的发展产生巨大影响。物联网的发展可有效解决数据源问题、保证会计信息质量、促进会计信息标准化规范、降低会计信息化成本，并可解决"信息孤岛"问题，同时可增强会计信息系统的内外协同。

财务工作的智能化，财务标准化、流程化的工作将逐渐被智能机器替代。随着信息技术的发展，财务信息系统和业务系统实现全面对接，数据的产生、传递、匹配、校验过程无须任何人工操作，全面实现无人值守自助报销、自动化票据采集、数据录入、凭证账簿生成、税务申报等，可极大节约人力，提高工作效率。同时，依托财务信息系统，由业务信息自动生成记账凭证、登记会计账簿、编制财务报表，实现财务核算及会计报表的自动化。同时，财务分析报表智能化，对企业经营和财务状况进行全面分析诊断，自动生成实时性、可视化报告。随着人工智能这一科技创新技术引入到会计、税务、审计等财务工作中，财务标准化、流程化的工作将不可避免地逐渐被机器替代。

三、"移动互联网"扩展财务共享平台的使用方式

移动互联网最大的特点是它是移动和互联网的融合，所以拥有随时、随地、分享、开放、互动的优势。借助于移动互联网，财务共享平台的使用形式不再局限于以往的终端设备，用户可以借助移动终端进入财务共享平台，同时扩展了财务共享平台的移动功能，主要有以下几方面。

（1）移动审批。移动审批就是在移动端可以使用费用控制和审批功能，一般是通过APP登录，部门领导可以按照相关权限实时看到需要审批的信息，并及时进行处理，大大提升了处理效率；这个功能在超过90%的企业已经得到实施。

（2）移动决策支持。通过移动平台，将企业实时的决策指标和报表信息进行展示，使企业各级部门主管能够进行及时的决策支持。

（3）移动运营管理。除了企业的主管之外，企业的各位员工可以在移动终端查看自己的考勤、工资、绩效等情况；并可以在线办理请假、申请等业务。

（4）移动商旅及保障。企业的商旅系统和费用控制系统都可以在移动终端使用。在移动端可以订机票。

四、"云计算"推动财务共享平台虚拟化发展

云计算的计算模式的基础是互联网和虚拟技术，通过高效组合大规模性能一般、价格不贵的计算节点，从而形成了大规模的并行处理环境。云计算的最大优势和特点就是可以实现软、硬件资源的共享，云存储中心储存所有资源，为企业用户提供的是强大的数据存储和处理服务。所以企业在构建自己的财务共享服务平台时，不需要购买大型服务器，可以采用云计算技术，替代本地计算机或远程服务来取得存储空间和计算能力。这样，企业可以按需访问并使用云计算资源，使信息处理成本大大降低的同时，提高使用灵活性和使用效率。

云服务的基本类型有三类：①基础设施服务；②平台服务；③软件服务。基础设施服务指互联网提供最基本的计算资源，用户需要购买并部署自己的软件系统，对于财务共享平台来说，主要包括互联网资源、服务器资源、财务应用软件资源、财务数据库资源、计算机算法资源等。平台服务指平台主要用来供用户租用，除一些硬件资源外，包括操作系统、编程环境、数据库等，对于财务共享云平台，主要包括财务软件开发平台、数据分析平台和数据安全保障平台。软件服务则是最普遍的服务形式，它提供的是可供用户直接使用的软件，用户购买后，连上互联网即可使用。

依托云计算技术，财务共享平台的虚拟化特征和优势十分明显。财务共享平台可以建立在"云"端，用户通过互联网就可以获取云服务，云计算的资源动态分配、按流量计费等特征大大减少了本地的数据储存和处理量。财务共享服务模式逐步向云服务模式转变，进一步提升了财务共享平台所带来的降低企业财务处理成本的效果，并且大大提高了资源利用效率。同时，云计算技术与财务共享平台的结合，大大促进了其商业化的进程。

第九章　企业财务共享服务平台的主要价值与存在的问题

第一节　我国企业财务共享平台运行的经验成效

财务共享在我国已有十多年发展历史，我国许多企业都建立了自己的财务共享平台，并且通过一段时间的运行，取得了一些成效和有价值的经验，其经验可以为其他准备建立财务共享平台的企业所参考。具体来说，主要有以下几个方面。

（1）在建立企业自己的财务共享平台时，可以参考一些成功企业的经验。但最重要的是要按照企业实际和自身特点，包括观念、组织、人员、流程、系统等方面。在整体评估的基础上，建立适合企业的共享流程。

（2）影响企业财务共享实施的因素包括战略规划、信息系统、流程管理、组织结构、绩效管理、人员管理等，企业在建立和实施财务共享的过程中要注重多方面因素的共同作用。而在"大智移云"背景下，要特别注意财务信息化系统的建立和运行，该系统能够支持财务共享的顺利实施。

（3）目前，各大企业的财务共享系统的升级发展都参与到积极应用云计算、大数据、移动互联网的过程中。所以，对所有企业而言，都应该积极把握并顺应这一趋势，建立自己的财务共享系统。

财务共享系统在我国企业中的建立和发展取得了突出成效，主要体现在：财务实现专业化分工，流程更加标准，实现流水线式作业；企业财务处理成本和运营成本明显降低；集团企业的整体风险管控能力提升；企业财务风险不断降低；服务质量和客户满意度不断提升。

第二节　财务共享平台的主要价值

从理论分析和案例分析中，我们发现财务共享平台的运行和发展为企业节约了大量成本。但企业财务共享平台的突出成效体现在它不仅为企业带来了财务管理理念的创新，同时促进了整个企业管理模式的改变，为企业创造了巨大价值。这些价值主要体现在以下几个方面，接下来进行具体分析。

一、企业成本和效率的显著改变

从案例分析和具体实践中可以看出，关于财务共享平台实施所带给企业的价值中，最突出的就是企业成本和效率的显著改变。在企业成本方面，财务共享平台的标准化处理流程形成了规模经济效应使财务处理成本大大降低，同时需要的财务人员数量减少，降低了人力需求成本。在效率方面，每项财务业务的处理时间大大降低，财务处理效率得到了提升。

二、财务管理理念和模式的创新

"大智移云"时代，各种信息技术不断创新和发展。各大企业也抓住这一机遇，站在企业整体战略规划的高度上，建立企业财务共享平台，积极促进"互联网+"财务的发展。而在企业财务共享平台的发展为企业带来的价值中，很重要的一点是带来了财务管理理念的不断创新。企业财务共享平台的建立和发展充分应用了互联网思维和平台思维。

在企业传统财务管理中，对于整个集团企业而言，财务处理工作是先由各个分、子公司单独完成，最后再汇总到集团公司进行财务管理工作，整个过程成本高且效率低下。其财务处理过程经历了由手工记账到电算化的转变。在"大智移云"时代，企业转变财务管理理念，通过建立财务共享平台并发挥其优势，将各个分、子公司的大量的财务业务、数据、信息汇集到财务共享平台进行集中处理，实现了规模经济效应，充分发挥了资源整合和优化配置的作用，这也是"互联网+"在财务管理领域应用的充分体现。同时，大智移云使企业更加注重管理会计的发展，管理会计除了基础的财务处理业务，由于财务共享平台使大量财务人员从烦琐的财务处理工作中解放出来，从而可以专注于管理会计等财务管理的核心工作。一方面是财务人员可以有精力集中在管理会计工作上，另一方面是财务共享平台的建立也为管理会计工作的进行提供了有力支撑。企业管理会计从数据收集、储存到数据处理，都需要借助财务共享平台和云计算、大数据等信息工具。财务共享平台的发展也使企业的财务管理更加注重服务化，企业的财务共享系统本身是一个半独立机构，企业的各个分、子公司和员工都成了它的客户，并且要求所有员工都参与到企业的财务管理工作中，所以通过财务共享平台的建立，企业整体服务效率和质量在不断提升。

伴随着企业财务管理理念的创新，企业的财务管理模式也实现了改变。在"互联网+"财务下催生出来的创新财务管理模式，就是充分应用财务共享平台这一工具来进行企业所有的财务管理工作。从案例分析中，我们看到，无论是长虹、中兴还是我国其他大型的集团企业，都在积极建设并运行自己企业的财务共享平台，通过财务共享平台来完成企业的财务管理工作。财务管理模式随着信息技术的发展不断改变，在这个过程中财务管理理念也会不断创新。

三、企业管理模式创新

在企业传统的管理理念和管理模式中，认为企业管理工作与财务管理工作是分离的，企业管理工作不包括财务管理工作。财务管理工作仅仅需要发挥其记账、总账、形成报表的功能。而这些是财务管理的基本职能，其核心还是应该充分发挥财务管理和管理会计的作用，为企业运营、管理、决策提供信息，促进企业运营管理能力的提升和决策效率的提高。财务共享平台的建立使企业财务管理模式发生改变的同时，也使企业管理模式发生了改变。

企业管理模式的改变以长虹为最好的例证。从长虹财务共享平台案例中，我们发现长虹目前的财务共享平台的建设除了解决了基本的报账、审批、报表、报税等问题，长虹的财务共享平台和 SAP 系统同时与企业成本管理系统、库存管理系统、PDM 系统、预算管理平台、经销商管理平台、决策支持系统等实现了关联和数据交换。说明长虹财务共享平台解决的不仅仅是账务处理的问题，这个平台的运行和使用是长虹对企业整体的运行和发展进行的掌控和管理。企业的物流成本、库存成本、产品成本、报表分析、企业决策等多项问题都在财务共享平台发展过程中得到了解决，说明财务管理工作所发挥的巨大作用推动了整个企业管理工作的发展，财务共享平台把企业的财务管理工作和整个企业的管理工作紧密结合起来。长虹目前的财务管理工作主要是整体把控整个企业的价值运动、财务管理、会计核算、物流动态等。长虹管理模式的转变为其他企业的发展提供了良好的依据。

财务共享平台的运行和发展的实质是集企业管理和财务管理为一体。财务共享平台的构建和运用使企业管理上升到一个新的高度。财务共享是一种以企业价值流、资金流、现金流、资本流、信息流为核心的企业内部管理制度，企业财务管理工作就是通过应用财务共享平台来实现的，企业的财务管理工作是企业管理的核心问题。企业管理模式创新不仅是使企业的财务管理工作的地位、功能、效益得到了提升，更重要的是企业的管理模式得到了更有利的支撑，并且明确了进一步发展和改革的具体方向。

企业财务共享平台的建立带来了企业的管理创新，而企业管理创新的发展又进一步推动了财务共享平台的改进和发展，二者相互影响，共同促进。同时，伴随着财务共享平台促进企业管理模式的创新，企业的商业模式和盈利模式也会逐步发生变化。

第三节 我国企业财务共享平台运行存在的问题

通过案例分析发现,像中兴集团、长虹集团其财务共享平台构建并运行了较长时间,经过时间检验,具备较高的应用能力和水平,可供其他企业参考。但通过分析研究和实地调研,长虹、中兴及我国的财务共享平台的建设和运行仍然存在一定的问题,有效地解决这些问题可以进一步优化和改进财务共享服务。从案例分析出发,并结合具体实际,将"大智移云"背景下企业财务共享平台运行存在的问题分析如下。

一、如何实现企业"互联网+"财务和"互联网+"企业运营管理的有效融合

这一个问题是企业财务共享平台发展过程中需要解决的一个重要问题。目前,财务共享平台已经充分发挥了其价值守护的作用,企业的财务工作借助财务共享平台的建设和发展,成本大幅度降低,财务处理效率也不断提高,客户满意度也在不断提升。但是,在价值创造方面,财务共享平台建立的根本目的还是要充分发挥管理会计的作用,财务人员和管理人员通过理性的分析和判断,为企业运营、管理、决策提供信息,促进企业运营管理能力的提升和决策效率的提高。

特别是在"大智移云"时代下,更应该充分利用各种信息化技术实现管理会计信息化,应更加关注不同业务类型和数据的收集、分析。但是从分析研究和实地调研中发现,目前财务共享服务的突出效果还是集中在降低财务处理成本方面,虽然有些企业已经开始进行管理会计信息化的建设,但我国企业整体都还处于探索和起步阶段,这一目标还没有有效实现。所以,发挥财务共享平台的作用,实现企业"互联网+"财务和"互联网+"企业运营管理,成为财务共享平台进一步发展过程中需要解决的一个重要问题。

二、财务共享平台和服务标准化、通用化、共享化问题

"互联网+财务"的核心问题是如何将财务共享平台和服务模式标准化、通用化、共享化。目前我国已经有许多大中型企业构建了自己的财务共享平台,并积累了很多有益经验,但是各个企业在构建财务共享平台时都紧密结合了自己企业的具体实际和业务特征。所以,从众多财务共享平台构建的方法和经验中,总结"大智移云"背景下企业财务共享平台构建的普遍方法和构建框架,被更多的企业所借鉴和参考,对于在我国更多的企业中推广和发展财务共享具有重要意义。

三、如何实现供应链会计信息共享

在企业众多管理方式中，供应链管理是有效管理方式之一。供应链由供应商、制造商、仓库、配送中心、渠道商等多方构成。在市场和企业竞争日益激烈的今天，企业与企业之间的边界逐渐模糊，供应链的竞争也替代了企业之间的竞争。作为企业的管理者，在注重整合企业内部资源和加强管控的同时，应该注重外部环境对企业的影响，关注供应链上各个企业的资源整合和相互配合。从整个供应链角度出发整合信息，不仅可以进一步实现成本控制，还可以提升整个价值链的竞争能力。目前财务共享的问题研究和具体实践仅限于单个企业内部，对于供应链财务共享平台建立和会计信息共享问题却少有研究，在实践中也很少有企业具体实施。但供应链企业财务信息共享问题的研究，可以有效促进供应链企业之间的信息交流和互换，为企业提供有效决策信息，优化决策效率，提升整个供应链企业的竞争力。

第十章　大智移云时代财务共享服务模式创新

以大数据、人工智能、移动互联网和云计算为代表的新兴技术将成为财务管理模式创新的"催化剂"。大数据技术的发展，使财务共享服务系统成为企业数据中心，财务共享服务系统可以对大量碎片化的数据进行有效管理，适时进行收集、整理、分析及报告，满足企业财务监控、投资者关系、财务规划以及战略决策的需要。人工智能作为现代科技飞速发展的产物，随着企业的发展而发展，财务管理将会产生大量数据信息，将人工智能合理运用到财务管理中，将会促进财务共享服务系统更好更快发展。依托云计算技术，财务共享服务更加"云化"，朝着"云服务""云平台"以及全球业务服务模式发展。同时，借助移动互联网的发展，财务共享服务系统已实现随时随地办公。财务共享服务发展至今，乃至未来，移动互联网、云计算、大数据和人工智能这些技术势必将推动财务共享服务的改革创新，为企业创造更大价值。

第一节　基于大数据的财务共享服务

一、大智移云时代下财务职能的重新定位

大智移云时代到来之前，财务共享服务的财务职能主要体现在价值保持方面，即会计核算、资金结算、应收应付管理、税务管理、报表编制等基础会计工作。大智移云时代，大数据提供的数据基础成为企业新发明与新服务的源泉，财务共享服务系统成为企业的资源池，企业通过大数据挖掘技术能够获得和使用全面、完整和系统化数据，获得商机。财务共享服务系统的工作人员利用大数据获取的数据信息，进行数据分析，为企业管理层提供公司运营、预算管理、业绩分析、风险管控等方面的决策支持，实现财务共享服务系统财务职能由财务会计职能向管理会计职能转变，在做好价值保持的同时实现价值创造，提升财务共享服务的工作价值。大智移云时代，财务共享服务系统衍生出数据中心的职能，由原来的报账中心、费用中心、结算中心发展出数据中心，使提供决策支持成为可能。大智移云时代的开启为财务职能做好价值保持的同时也为实现价值创造提供了条件，也提出了挑战。

二、大智移云时代下财务共享服务业务流程管理

财务共享服务系统的所有业务都需要流程来驱动,组织、人员都是靠流程来实现协同运作的,流程的标准化和统一性是财务共享服务的核心。按照流程的功效,可以将财务共享服务整体流程分为三大类:管理流程、核心流程及支持流程。其中核心流程实现财务共享服务系统的营运功能,构成核心业务并创造基本价值。例如,应收管理、应付管理、资金管理等。

财务共享服务系统的一个典型流程是应收流程。应收流程用来解决企业与客户之间的财务关联。应收流程的核心业务包括订单及合同管理、开票及收入确认、收款及票据管理、对账反馈和内部控制几个业务环节。在整个业务流程中,从订单、销售到收款皆与客户有关。在应收流程中,分析客户付款行为、评估客户信用等级、洞察客户信用风险以及预测信用额度对销售收入的影响,对企业的可持续发展起着举足轻重的作用。在大智移云时代下,企业集团财务共享服务系统可以利用数据优势,在大数据的海洋中搜索客户的相关资料,对客户企业的信用等级进行评估,对客户企业的付款行为进行分析,对客户企业的信用风险进行评估,使原本复杂的工作变得简单化,大大提高财务共享服务系统的业务处理能力。

第二节 人工智能环境下的财务共享服务

人工智能技术是现阶段世界上顶级高新技术之一,深受不同国家关注。人工智能技术应用非常广泛,例如,由人工智能系统操控的机器人替代战争中的士兵,以减少人类的伤亡;对于无子女赡养的老人可以利用人工智能给予老人们更多的陪伴和温情;人工智能技术在金融、医疗、制造等诸多领域都已开始了模式清晰的应用落地。在财务领域也不例外。人工智能在2017年相继被引入管理会计、审计等领域。随着人工智能在财务领域应用的日益深入,其势必会对未来财务变革产生深远影响。

一、基于业财融合的智能财务共享平台

由于受到技术与业务模式的限制,在传统财务管理模式下,大多数企业的财务与业务是相互隔离的。企业的会计工作存在大量的人工审核合同、订单、发票等简单重复劳动,尽管财务共享服务的出现将企业重复性高、易于标准化的业务集中到财务共享服务系统进行集中处理,大大提高了企业业务处理效率,但财务共享服务系统只能作为传统财务管理的加速器,本质上并没有消除不增值的会计处理环节。企业智能财务共享平台,是现代企业财务体系"拥抱"智能化、互联网、云计算等技术的有力探索。基于智能财务共享平台,

企业可以搭建云端企业商城，利用电商化平台实现与供应商、客户之间进行无缝连接，并借助发票电子化打通税务数据与交易的关联，回归以交易管理为核心的企业运营本质，对员工日常消费及大宗原材料采购实行在线下单、支付，企业统一对账结算，从而实现了交易透明化、流程自动化、数据真实化。

二、基于人工智能的智能财务共享平台

随着人工智能的深度发展，智能机器人应用到金融、医疗、家政、制造等多个领域。在企业的财务管理中应用财务智能机器人也将是一种趋势，财务智能机器人凭借其强大的反应能力、快速计算能力以及深度学习能力，它完全能够像人类一样进行自主信息收集，对信息进行加工处理，输出企业信息使用者需要的财务信息，并代替企业财务管理者做出经营预测和决策。经营预测是企业不可或缺的重要环节，它主要是通过对上一阶段整个企业的财务状况进行总结并且对下一阶段的企业财务管理做出一个规划，这对于各个企业来说都有着重要的意义。在传统的企业经营预测中，都是通过人工录入的信息数据作为基本依据去进行总结的，这在某种角度上来说存在着很大程度上的不稳定性，同时数据信息的精准性也有待考量。当人工智能在企业财务管理中注入了新鲜的血液时，企业的经营预测便开启了新篇章，财务职能机器人可以从多种角度对企业信息数据进行收集，并且可以从企业的收入、支出成本、综合经营利润以及已经出现的一些企业负债等各个角度进行分析和预测，这是我们传统企业的经营预测所无法做到的。人工智能势必将促进企业管理会计的进一步发展。

第三节　移动互联网趋势下的财务共享服务

一、移动互联网下的业务审批移动化

移动互联网应用到财务共享服务中是一种必然的趋势。在 2G 时代，一些企业就尝试利用手机短信、彩信或者 WAP 访问方式进行简单的移动审批，由于受到网络条件的限制，当时仅能够相互交互简单的信息，交互的信息量十分有限。随着 APP 的盛行，网络条件不断改善，财务共享服务的费控系统中的移动在线审批将会日趋流行，信息内容日益丰富。财务共享服务的目的就是跨越地域、跨越时间的限制，加强企业集团对各业务单位进行控制，实现财务业务一体化。移动互联网的发展为财务共享服务的创新发展创造了条件。企业将费控系统中的审批环节迁移到移动端，使领导在进行业务审批时不再受到时间和地域的限制。

以应付流程为例，应付账款通常涉及企业的采购业务，企业需要采购物资，首先是物

资使用部门根据本部门实际物资需求情况,制定请购单,由请购部门经理审批签字;其次交由采购部门,由采购部门经理审批签字;再次交由企业总经理审批签字;最后采购员根据审批后的采购单进行物资采购。采购完成,涉及账款支付,需要财务经理审批签字。这一系列过程看似有条不紊地进行,实则需要耗费大量的时间和人力。集团公司旗下拥有许多跨区域的分、子机构,比较分散,进而使业务审批成了企业集团业务人员遇到的一大难题。财务共享服务的费控系统在一定程度上解决了这一难题,随着移动互联网的发展与APP应用的兴起,企业集团可以建立独立的APP应用,当业务人员提出审批请求之后,APP语音自动提醒业务领导进行审批业务,业务领导可以不再受到时间、地域的限制随时、随地进行业务审批,业务人员不再为领导审批签字忙得焦头烂额,从而节约了业务人员大量的时间,使业务人员投入到企业更有价值的业务活动中,为企业创造更大的经济效益。

二、移动互联网下的费用管理移动化

财务共享服务的商旅系统和费控系统的建立与运用,大大解决了企业员工商旅报账难、报账慢的现象。伴随移动互联网的推进,将移动互联网与商旅系统、费控系统相结合,使商旅管理、报销管理更加智能化、移动化,将会是财务共享服务费用管理未来发展的趋势。

目前,市场上大量涌现出费用报销系统,如喜报销、全程费控等,企业可以采用外购和自行构建两种方式建立商旅费用报销系统。企业员工根据要求在移动端下载企业商旅费用报销系统APP,员工可以通过工作证号码注册登录进入APP,完善个人基本信息,员工根据自身需要设置费用类型、语言、币种等。业务人员可以在移动端APP上随时随地进行机票、酒店等事前申请,由业务领导在APP上进行审批和商旅管理,业务人员根据行程随时随地记录账单、拍摄原始票据上传系统,财务主管根据业务人员上传信息进行报账处理,利用网络支付技术,实现业务人员商旅费用报销即报即得,提高企业员工满意度。与此同时,企业高管也可以通过移动商旅报销系统对业务人员从费用发生到最终报销的各个环节进行全程管控,使企业拥有更完整的视角,所有的费用记录及交易流程变得更加透明化、可视化。

三、移动互联网下运营管理的移动化

随着移动互联网的发展,财务共享服务的运营管理体系迁移到移动端。就目标管理而言,财务共享服务系统将其确立的目标清楚明了地展示在员工的移动端,员工可以随时随地进行阅览,还可以在移动端建立论坛进行交流。就绩效管理而言,绩效管理强调组织目标与个人目标的一致性,强调组织和个人同步成长,形成"多赢"局面,财务共享服务系统对员工绩效的考核,员工能通过手机、ipad等移动端查看。就人员管理而言,财务共享服务系统的运营管理体系移植到移动端,企业员工可以通过移动端进行在线学习,公司可以在移动端对员工进行培训,并且在移动端制定测试卷,定期对财务共享服务系统的员工进行知识测评，系统自动评估分数，员工根据自身情况进行查漏补缺，提高财务共享服务系统人员的知识水平。就服务管理而言，财务共享服务外包服务如雨后春笋一般发展起来，例如，中兴通讯作为全国第一家设立全球财务共享服务系统的企业有着丰富的财务共享运营管理和咨询服务经验，为中国电信国际有限公司建设电信国际财务共享系统提供全面的财务共享方案咨询。长虹集团在2008年建立财务共享服务系统同时也在外部咨询服务方面迈出重要一步，2009年帮助泸州老窖进行财务共享服务系统建设。在移动互联网发展的趋势下，财务共享服务系统可以鉴于微信应用的高度普及化，充分利用微信平台，建立自己的企业号、订阅号，公司内外部客户可以通过订阅号进行咨询。企业财务共享服务系统通过移动渠道对内外部客户提供服务，一方面促进企业经济效益的增长，另一方面也促进财务共享服务在我国的发展，使越来越多的中小企业都能够建立财务共享服务系统。

第四节　基于云计算的财务共享服务

一、基于云计算的财务共享服务建设原则

社会在进步，科技在发展，为了改善财务管理工作，降低财务管理成本，适应企业的发展要求，不断有企业踏上探索云计算的财务共享服务的道路，云计算的财务共享服务最终将成为企业运作中重要的战略者。因此，企业集团在建立云计算的财务共享服务系统时，必须严格遵循一定的原则。

二、基于云计算的财务共享服务架构

基于云计算的财务共享服务架构包括云端和客户端两个部分，每个部分包括不同的层次。

在云端，云计算服务器由下往上依次顺序为网络服务层、数据管理层、应用支撑层、应用层。其中，网络服务层主要提供网址、邮件、认证等服务；数据管理层主要对元数据、基础数据、业务数据和决策数据进行分类存储；应用支撑层主要向财务共享服务系统提供网站管理、权限管理、统计分析等服务；应用层主要为客户提供报账、集中核算、集中支付等财务共享服务功能模块的服务。

在客户端，依托云计算的财务共享服务，客户不需要了解财务共享服务系统的具体流程，只需要根据自身需要通过台式电脑、笔记本、手机等设备输入自己的请求，财务共享服务系统就可以利用云端服务为客户提供服务。

三、基于云计算的财务共享服务业务流程管理

依据"云"的思维，结合先进信息系统，财务共享服务系统的业务人员将采集到的业务数据上传至云端，由云端充分发挥云存储功能对业务数据进行储存，需要审核的原始单据将会具体细分为各个要素，财务共享服务系统对被细分的要素进行审核、加工、组合，最后自动完成凭证和报表等产品的输出。基于云计算的财务共享服务的整体运作流程具体可分为三类，分别为云采集、云处理、云产品。

云采集。为获取真实反映经济业务具体特征的数据信息，财务云必须对集团内部的经济业务发生时的各类数据进行采集。借助先进的技术手段，将各类数据上传到云端，根据被上传的数据信息，财务共享服务系统的业务人员根据单据的业务类型进行分类，并在此基础上进行必要的提取与审核。最后业务人员将采集到的数据信息进行标准化、结构化处理，利用云储存将处理后的数据储存在云端，为后续的数据分析和挖掘工作提供便利。

云处理。云处理指对各项经济业务数据进行分类、筛选、存储和传递。为确保数据能及时、准确、完整地被处理和加工，减少人工干预，实现财务管理自动化，在实际工作中，需要对云处理的处理动作、处理机构和处理环境进行合理安排。企业集团应充分利用虚拟化、提供数据挖掘服务的云计算和无限资源的云存储，同时借助互联网云端备份的数据保全服务和采用加密技术、防火墙等云安全策略，在云中建立财务业务信息系统，该系统理应涵盖公司各个经营管理环节，且各系统之间数据标准统一、门户统一、信息统一，数据交换通畅。

云产品。通过云平台进行云处理之后，财务共享服务系统会输出供用户选择的云产品。财务云会自动输出满足公司资金支付结算、应收应付核算等日常会计核算需求的会计凭证、单据及简单会计报表等简单会计产品；满足公司内部经营管理和外部监管要求的个别财务报表和合并财务报表等复杂会计产品；为公司提供财务业务指标及其动因分析，数据分析和数据挖掘等综合类产品。

四、基于云计算财务共享服务的商业化

财务共享服务系统是一个独立的经营体，能够独立为集团内外部客户提供财务共享服务。云计算技术的发展，促进了财务共享服务系统的价值创造。国外企业比国内企业较早地将云计算运用于财务共享服务，近几年，财务信息系统比较完善的企业不断探索将云计算应用于财务共享服务系统，通过向作业团队配置虚拟客户端的方式，大大减少前台IT技术的投入。市场上将会出现第三方商业化服务平台这种新的商业模式，在商业化服务平台上匹配发包方和接包方，并实现系统的交互支持。在这种模式下，发包企业根据自身需要，可以独立选择一个或多个财务共享服务供应商为自己提供服务，而接包方可以通过平台，向多个企业客户提供财务服务。由此，财务共享服务供应商为了争取更多客户，会加

快对财务共享服务探索的步伐，顺应时代，积极发明并利用新技术，提高自身服务质量。同时客户也可以在商业化平台上选择物美价廉的财务服务产品。云计算大幅度地推进财务共享服务领域的商业化，使中小企业财务共享服务成为可能。中小企业本身经济实力不强，而建设财务共享服务系统需要投入大量资金。仅在IT方面，购买软、硬件，进行产品实施、部署网络等就需要很大的投入，使很多中小企业对于实施财务共享服务有所顾虑，而云服务模式下，传统的客户与服务提供商转变为客户、云服务提供商、资源整合者。云服务提供商通过服务端向企业财务共享服务系统提供在线云系统支持，使得中小企业通过租用的方式实现财务共享服务，从而推动我国财务共享服务的进一步发展。

第五节　推进财务共享服务创新的配套策略

一、强化企业高管意识，建立员工管理机制

财务共享服务的改革创新离不开企业高管和员工的共同努力，高管是财务共享服务发展的主心骨，高级管理层必须与时俱进，始终保持思维模式的先进性，善于借助先进科学技术，促进财务共享服务的发展。员工在财务共享服务的发展中起着不可忽略的作用，员工的工作态度、文化差异管理以及数据分析能力都给财务共享服务的发展提出了挑战。

首先，加强对员工的培训，为员工创造不断学习的机会，更新员工的知识体系；加强员工岗位管理，建立岗位轮换制度以减少员工的懈怠感，建立岗位绩效考核制度，对员工绩效进行考核，奖惩分明，提高员工的工作热情。

其次，实施财务共享服务的企业大多为规模较大的跨国公司，财务共享服务系统的财务人员在处理业务过程中，不得不处理包括小语种的业务，因此，是否拥有同时掌握中英文及其他小语种的员工可能是其发展的一大挑战。为解决这个问题，企业集团应该提高人才招聘的要求，招聘掌握多种语言的全能型人才，或者对已有员工进行专业知识外语培训，企业集团也可以为财务共享服务系统配置外语翻译人员。

最后，"大智移云"时代财务共享服务对数据分析技术的要求比较高，财务共享服务系统每天需要接收海量的业务数据，并利用大数据分析、分布式处理等技术对数据进行分析，要把大量结构化和非结构化的数据转化为通俗易懂的有效信息，因此，企业集团要高度重视员工的数据分析能力，招聘数据分析师是最便捷的方式，但是会增加企业的成本，企业也可以加强对企业员工的培训，为企业培养实用人才。

二、持续优化业务流程，推进财务业务一体化

依靠云计算技术，结合大数据和移动互联网的发展，财务共享服务发展成为"财务云"，

在先进科学技术的推动下，财务共享服务系统应当加强集团业务流程再造，使集团财务共享服务系统与各业务单位的业务系统通过云平台建立协同互动的关系，使企业的财务会计工作的中心由原来的会计核算转移到财务分析及财务决策上。将集团的财务人员进行重新分配，负责财务决策的财务人员留在总部，而财务技能强，业务素质高的财务工作人员可以分配到分、子公司项目部，总体提高企业集团财务能力，为企业创造价值，推动财务职能的转型，顺应国家法律法规的要求。

三、建立企业核心数据库，关注数据安全机制

云计算、大数据等技术为企业集团财务共享服务的发展提供技术支持，在财务职能转型的道路上起着举足轻重的作用，但是海量的数据存储在云服务器中，数据存储和数据传输的安全问题显得尤为重要。

首先，加强网络安全防护工作，积极应对外部网络的非法入侵。集团企业可以招聘网络安全方面的优秀人才为网络安全保驾护航，并且及时进行安全软件升级，不定时地进行网络杀毒，减少网络安全事件发生的概率。

其次，财务共享服务系统应对云平台的登陆者的权限和业务范围进行严格的限制，并进行用户的授权与认证，确保不同身份的用户在云服务器中的操作范围是不同的。

最后，财务共享服务系统对不同的数据采用不同的加密方式，使财务数据信息从物理层上进行隔离。随着共享服务外包业务的不断发展，企业还要将自身使用的和对外租用的服务器存放在不同的机柜，将企业自身的云服务和外部企业的云服务划分在不同的网络区域，确保对各自数据进行有规则的管理，避免因粗心大意而带来的损失。

四、建立健全法律法规，推动云服务发展

云计算技术是近几年才在国内兴起的技术，我国一些大型企业开始逐步建设财务云服务，但仍然处于初级阶段，存在很多问题。我国许多关于信息系统和网络安全的法律法规目前还不完善，很多潜在问题还无法采取法律手段来预防，容易出现纰漏，造成不可估计的损失。我国目前还没有专门针对财务云信息系统安全制定相应的法律法规，为此国家可以通过了解市场情况，认真听取企业意见，多方征集，制定一套完整的财务云信息安全的相关法律法规，用法律的手段来强制规范云计算市场，从而企业财务云的信息安全才能得到足够的保障。

云计算可以促进财务共享服务的商业化，因此要鼓励政府干预，建立完善的法律法规，严格审核财务云服务供应商的从业资格，其应当具备良好的信用和精湛的业务技术，保证数据库的安全，让中小企业能够放心使用。同时理应建立第三方商业平台监督机制，保证信息安全的同时也要提升其公允性，按期审核财务云服务提供商的服务资格，一旦出现问题必须及时更正，确保出包方的合法权益。

第六节 大智移云背景下企业财务共享平台优化改进

一、优化和改进的总体目标

在案例分析和对财务共享平台运行现状的分析中,我们发现"大智移云"背景下企业财务共享平台的运行和发展仍存在一定的问题。针对以上问题,通过研究,并结合具体实际,下面将从以下三个方面对企业财务共享平台优化和改进提出建议。总体目标是希望通过平台的优化和改进,使这一创新管理方法能够更加适应企业发展的需要,早日实现由财务会计信息化向管理会计信息化的转变,扩展支持企业运营的广度和深度,影响企业业务决策,为企业创造价值。

二、充分利用"大智移云"工具,在财务共享服务下发挥管理会计功效

(一)财务共享服务推动企业管理会计信息化发展

管理会计是企业会计和管理职能的有效结合,其通过收集和利用企业会计工作中的相关信息和数据,运用一些科学方法,为企业的预算、预测、控制和决策提供信息。在我国,由于经济发展和多种原因限制,管理会计在我国发展较慢,管理会计职能没有有效发挥其作用。随着信息技术的迅速发展,管理会计与其进行了融合,从而形成了管理会计信息化。管理会计信息化指管理会计与信息化的结合,管理会计充分利用互联网、云计算、大数据等工具,在会计信息获取、存储的基础上,进行分析和处理,为企业的运营管理和决策提供支持。但目前,我国的管理会计信息化水平不高,仍需要进一步发展。

财务共享平台的快速发展推动了管理会计的发展。财务共享在实现财务业务处理流程标准化的同时,把一大批财务人员从烦琐的财务基础处理工作中解放出来。这样,各个分、子公司的财务人员可以把精力集中到企业运营管理和决策上,发挥管理会计的作用,加快了管理会计职能的拓展,也提升了整个企业的管理会计水平。

信息技术的发展快速推进了管理会计信息化的建设。在研究和案例分析中,发现目前有许多如中兴、长虹等企业充分利用信息化工具构建了企业的"财务云"平台。它们同时建立了企业的影像管理系统、银企互联系统、ERP系统、网络报销系统等进行基础账务处理,实现了业务全程用会计信息系统进行处理,而这些会计信息系统的建设为管理会计信息的建设奠定了良好基础。

（二）借助"大智移云"技术和财务共享平台，发挥管理会计功效

在企业的财务共享平台的基础上，充分利用"大智移云"技术，对财务共享平台进行改进和升级，主要目的是借助升级后的财务共享平台，支持管理会计的预算、预测、控制和决策作用的实现。

（1）通过"云计算"，构建财务共享"云平台"。传统的财务共享平台的主要弊端在于获取到价值高、容量大的财务数据的速度较慢，这也就影响了管理、分析数据和决策的进行。而云计算技术可以改变这一情况，依托其具有网络化服务、资源集中共享、可计算、资源弹性伸缩等特征，可以使传统财务共享平台拥有高拓展性等特性，同时实现在同构计算节点能够互换等，并拥有超强的计算能力。

（2）借助"云平台"和"大数据"技术，实现管理会计决策职能。企业构建"云平台"，通过运行，将会采集、储存大量企业财务数据和业务数据，而这些数据在"大智移云"时代成为企业一项重要的无形资产。"云平台"成为实现管理会计决策的基础平台，"云平台"上收集和储存的大量财务数据和非财务数据，在抽取和转换之后，财务决策需要运用"大数据"发现这些信息之间的相关性，并挖掘出这些数据的价值，为企业的运营、管理等相关科学决策提供支持。

财务分析决策的具体流程如下。

首先企业的"云平台"会获取、抽取并存储大量的数据，这些数据主要来自企业的内外部单位，主要包括企业本身、工商部门、税务部门、财政部门、银行、会计师事务所等，企业的内外部单位会产生大量的结构化数据、半结构化数据和非结构化数据。"云平台"通过互联网、物联网、移动互联网、社会化网络等方式获取这些数据，并存储在企业的云平台上。

其次企业"云平台"储存的这些数据，通过大数据技术处理之后，按照不同部门形成不相同的分析结果，主要有会计信息、纳税监管信息、财务信息、审计信息和其他信息，然后对这些信息进行分类处理和汇总，形成企业不同种类的决策意见，主要有以下几种：预算管理决策、筹资投资决策、收入定价决策、费用成本决策、资金管理决策、税收筹划决策等。

企业借助"云计算"构建企业云平台，通过"大数据"等技术，为决策提供支持。企业"大智移云"财务共享平台的升级大大提升了整个企业的核心竞争力。

三、构建供应链财务共享平台

供应链财务共享平台是企业财务共享平台的拓展。除了企业内部的财务共享之外，整个供应链上的企业可以按照一定的约定，在自己企业的云平台之外，借助信息技术，构建供应链财务共享平台。

（一）供应链企业间构建财务共享平台的必要性

首先，供应链财务共享平台的构建可以使各成员企业成本降低，并能够在整个供应链上实现成本管理。各成员企业可以按照事前约定共享内容、共享时间、共享权限等。供应商上传了自己的成本费用信息之后，制造商可以查看这些信息，同时销售商也可以查看供应商上传的成本费用信息。对于整个供应链上的企业而言，知晓其他企业的成本费用信息可以开展成本调查和辅助企业间成本管理，从而可以促进整个供应链上企业的成本降低，实现共赢。

其次能够帮助企业合理安排生产，降低库存和资金占用，提升资金使用效率。供应链上的各个企业将自己的库存、销售等信息按照约定上传中央数据库，上下游企业可以查看相关信息。对于上游企业，在查看下游信息之后，就可以合理安排生产，降低库存和资金占用，同时也能够提升资金使用效率。

最后，财务信息共享减少了企业间的交易成本，并能够提升企业间的相互信任度，促进整个供应链的企业合作和发展。

（二）供应链企业间财务共享的主要内容

对于单个企业而言，不是所有信息都能够进行共享的。所以，供应链企业在实现财务信息共享之前，应该共同签署协议，约定共享内容、共享权限、共享时间等条件，并要求各成员企业必须严格遵守，以维护企业间平衡。共享内容具体包括企业的生产信息、材料信息、成本费用信息、销售信息、财会信息、盈利信息等。但对于不同行业、不同规模的企业，共享内容可能会有所不同，应该根据具体需要进行调整。对于同意实施共享的企业，有权利查看其他企业的相关信息，也有义务按照约定共享自己企业的信息。各个成员企业在获得共享财务信息或者其他信息之后，可以协商，通力合作，做出有利于整个供应链企业发展的决策，使共享发挥真正价值。

（三）供应链企业财务共享平台框架

结合企业财务共享平台，构建供应链企业财务共享平台框架。在该平台构建中，首先需要在各成员企业间成立一个共享委员会，主要负责共享协议的商讨，包括确定共享权限、时间、内容等，同时能够制定数据标准、调控利益分配、监督成员企业。各成员企业在自己企业财务共享平台的基础上，按照约定将共享内容上传至中央数据库存储，并可以请求中央数据库返回自己所需要的其他企业的财务信息或其他信息。最后通过自身数据库进行数据读取并处理，从而进行信息使用。

四、"大智移云"背景下搭建企业财务共享平台一般框架

"大智移云"背景下构建企业财务共享平台,对于企业进一步发展具有重要意义。下面将从财务共享平台构建的各个研究中,总结"大智移云"背景下企业财务共享平台构建的一般框架,可供更多企业的具体进行参考和借鉴。

(一)企业财务共享平台框架分析

首先,企业财务共享平台是一个系统。我们可以把财务共享系统定义为由相互联系、相互作用的企业内部的 ERP 系统、组织内部系统,网络信息,以及企业人力、物力及时间资源等要素组成的具有一定结构和功能的有机整体。其连接了各部门的业务内容,目的是提高企业经营管理整体水平,形成信息化条件下的新型管理模式。

对于系统的分析,主要是从系统经营活动目标分析、系统外部环境分析及系统内部环境分析进行的。

(1)系统经营活动目标分析。经营活动目标是企业财务共享系统存在和服务的根本依据,是具有战略性作用的目标。该系统可以转化成各项具体的管理目标。企业财务共享系统的目标则是通过系统运行,得出系统性的结论,以支持企业的投资决策、预算决策、定价决策、生产决策、收入决策等,同时达到企业降库存、去成本、提高财务处理效率的目标。

(2)系统外部环境分析。财务共享系统的外部环境主要包括政治环境、政策环境、经济环境、市场环境、技术环境等。系统外部相关数据来源主要有相关企业、税务部门、工商部门、财政部门、银行、会计师事务所等利益相关者。正确和充分分析企业外部环境带来的影响,对于系统正常运行至关重要。

(3)系统内部环境分析。对系统内部环境的分析主要是从企业的生产作业流程、质量控制、财务处理工作、人力资源管理、固定资产管理等方面进行的,可使人、资金、设备、信息、技术等配置和利用达到最佳效果。

(二)财务应用共享中心平台

1. 会计处理平台

会计处理平台是企业财务应用共享中心的基础平台,财务共享服务就是一种将分散于各个业务单位,重复性高,易于标准化的财务业务进行流程再造与标准化,并集中到财务应用共享中心统一处理,达到降低成本、提升客户满意度、改进服务质量、提升业务处理效率目的的作业管理模式。

建立财务共享中心之后,集团企业建立统一标准,进行业务流程再造。会计处理平台对企业基础业务进行处理,主要包括以下几部分内容。

（1）应付账款处理。

（2）应收账款处理。

（3）固定资产管理。

（4）费用报销流程。

（5）资金管理。

（6）总账流程。

（7）财务报表编制。

（8）税务处理流程。

企业应根据自己的业务特点设置具体岗位和人员及会计处理流程。

2. 财务审批平台

在会计处理流程中，财务审批是不可缺少的一个环节。借助移动互联网、云平台的建设等，将财务审批环节迁到移动端，使业务领导的审批不再受地域的限制。一种方式是建立独立的APP应用，将信息相对简化地进行移动展示，这样业务领导就可以通过手机进行审批，另一种方式是通过移动设备的浏览器直接进行审批界面的访问。移动审批平台应具有相应的权限，不同级别的公司负责人只能看到相应权限的审批信息和其他信息，这就保障了信息的安全性。

以费用报销审批为例，分、子公司的业务领导需要审核报销人员提交费用报销的真实性、可靠性和准确性。基于云会计平台，分、子公司的业务领导可以不受时空限制，实现基于电子影像的领导审批。业务领导不再需要见到费用报销的票据等实物，只需通过手机等移动端接入移动互联网，就可以方便快捷地登录财务共享中心云会计平台，对分、子公司初审通过的票据的电子影像进行审批，其批量审批功能可以提高审批的效率。

3. 资金管理平台

货币资金是一个企业的命脉，流动性最高、风险控制要求极高。企业经营和管理的各个环节都需要资金支持，但随着竞争日益加剧和财务流程的日益复杂，企业财务风险也不断增大。借助"大智移云"等信息技术，建立企业财务共享平台，以及集团企业统一的资金管理平台，可以对货币资金业务实施有效控制。

所以在企业实现财务共享时，应该在财务共享平台中建立一个资金管理平台，其主要发挥资金收付、集中管理、统一支付和风险管理的作用。

（1）通过银企互联系统进行集中支付。这是主要实现"支付工厂"作用，企业银企互联系统使企业与第三方支付公司直接对接，当集团或者分、子公司发生支付业务时，它可以进行高效、快捷的支付；同时，系统可以清楚记录每一笔支付记录，财务人员和管理人员可以对每一笔资金流向进行准确把控。这就加强了对资金的监管，同时使资金使用执行更加清楚、透明。

（2）作为整个企业的资金池，集中管理集团企业所有银行账户和资金，按照需求合理调配资金，降低资金沉淀，提高资金使用效率，并保证资金安全。

（3）能够整合企业资源，进行资金的集中收付，同时整合银行资源。

（4）通过对资金的集中管理，对资金风险通过信息系统进行实时监控，并可以进行风险预测，有效降低资金风险。

4. 财务分析平台

企业财务共享平台会获取大量来自内外部的数据，包括结构化数据、半结构化数据等。通过大数据技术，进行数据分析和决策，可为企业形成不同种类的决策信息：预算管理决策信息、筹资投资决策信息、收入定价决策信息、费用成本决策信息、资金管理决策信息、税收筹划决策信息等。充分利用"大智移云"信息技术，发挥管理会计功效，为企业决策提供支持。

（三）财务信息共享平台

企业财务共享系统除了上述的财务应用共享中心平台，还有就是财务信息共享中心平台，这个平台主要包括企业的产品服务平台、资源整合平台、供应链共享平台、专业理论平台。这个平台的应用范围不再局限于企业内部，实现了企业与供应商、企业与客户、企业与企业、企业与行业的信息共享和交流。同时通过这个平台实现了资源整合、供应链共享以及专业理论的交流。

1. 产品服务平台

不同的企业可以在产品服务平台上，进行产品信息的共享和交换，包括不同地区和地域的土地租金、房屋租金、原材料价格、人力资源价格、产品创新等信息，在企业间形成产品信息共享平台，满足不同企业的产品信息需求，当然在实现产品和服务信息共享时首先需要考虑的就是成本收益问题。

2. 资源整合平台

财务共享平台不仅可以实现会计处理，还可以通过互联网来整合资源，这也是企业财务职能转型过程中需要关注的重点。目前，资源整合的理念已经开始向网式整合发展。即以消费者需求为核心，实现供应商、生产商、技术开发商、销售商和品牌商的合作和资源整合。实现资源整合、竞争合作、协同共生，是企业发展的一个新态势，可以为企业股东创造新的价值。

在企业财务信息共享平台的建设过程中，应该努力构建资源整合平台，拓展财务管理边界，并由单个企业拓展延伸到整个价值链甚至生态网络。以资源整合为契机，构建价值链财务、生态网络财务，实现企业协作，共担风险并创造价值。

3. 供应链共享平台

借助企业财务共享平台构建整个供应链信息共享平台，是单个企业在日益激烈的市场竞争中的必然选择。供应链信息共享不仅包括财务信息共享还包括企业的其他业务信息共享，建立以核心企业为中心，与上游供应商及下游消费者等企业的信息共享平台。在共享平台实际建立和操作过程中，要特别注意共享范围的界定这一问题，也特别要注意企业商业机密泄露的问题。这些问题可以通过建立共享企业准入机制、审慎选择进入者、明晰共享后的产权归属等方式来解决。

4. 专业理论平台

"大智移云"等信息化技术和企业财务共享的发展，加快了企业会计信息化进程。但同时使传统会计理论受到了冲击，对传统会计假设、确认、计量、报告、披露等内容都产生影响。传统会计制度不再适应会计信息化快速发展的需求。在新背景下，可以建立会计专业理论交流平台，供企业专业财务及管理人员进行探讨和交流，促进传统会计理论的改革，从而能更好地指导实践。

参考文献

[1] 苏高. 大数据时代的营销与商业分析 [M]. 北京：中国铁道出版社，2014.

[2] 王雅姝. 大数据背景下的企业管理创新与实践 [M]. 北京：九州出版社，2019.

[3] 周苏，孙曙迎，王文. 大数据时代供应链物流管理 [M]. 北京：中国铁道出版社，2017.

[4] 龙敏. 财务管理信息化研究 [M]. 长春：吉林大学出版社，2016.

[5] 周苏，王文. 大数据及其可视化 [M]. 北京：中国铁道出版社，2016.

[6] 许伟，梁循，杨小平. 金融数据挖掘基于大数据视角的展望 [M]. 北京：知识产权出版社，2013.

[7] 张齐. 大数据财务管理 [M]. 北京：人民邮电出版社，2016.

[8] 李克红. "互联网+"时代财务管理创新研究 [M]. 北京：首都经济贸易大学出版社，2018.

[9] 刘春姣. 互联网时代的企业财务会计实践发展研究 [M]. 成都：电子科技大学出版社，2019.

[10] 余以胜，胡汉雄. 解读互联网+[M]. 广州：华南理工大学出版社，2016.

[11] 水藏玺. 互联网时代业务流程再造 [M]. 北京：中国经济出版社，2015.

[12] 蔡勤东，张金炜. 全网营销时代企业互联网快速盈利之道 [M]. 北京：中国财富出版社，2016.

[14] 陈翔鸥. 网络财务理论与技术 [M]. 上海：立信会计出版社，2005.

[15] 张长城，张琦. 企业财务的网络化管理 [M]. 昆明：云南大学出版社，2012.

[16] 王顺金. 财务业务一体信息化技术研究 [M]. 北京：北京理工大学出版社，2012.

[17] 李荣融. 企业财务管理信息化指南 [M]. 北京：经济科学出版社，2001.

[18] 陈四清. 财务管理应用创新 [M]. 长沙：国防科技大学出版社，2005.